INITIATION AUX TECHNIQUES COMPTABLES

La composition de ce livre a été réalisée par Maïté SAVAGE
à qui l'auteur exprime tous ses remerciements.

ISBN 2-7081-2042-5

Collection Schémacolor

INITIATION AUX TECHNIQUES COMPTABLES

Jean LOCHARD

LES ÉDITIONS D'ORGANISATION

Dans la collection SCHÉMACOLOR

Créer, reprendre, gérer une petite entreprise.
Initiation aux techniques comptables.
Comprendre les documents comptables et financiers.
Initiation à la gestion.
Les bases de l'analyse financière.

Du même auteur

La formation à distance ou la liberté d'apprendre,
Les Éditions d'Organisation.

La formation, rencontre de l'homme et de l'entreprise,
SARL IPAJE.

La collection **SCHÉMACOLOR**

Créée et développée par Jean LOCHARD depuis 1971, cette méthode consiste à caractériser les **quatre flux économiques principaux par quatre couleurs :**

flux de production (produits, crédit) → bleu
flux de consommations (charges, débit) → rouge
flux économiques (actif, emplois) → jaune
flux financiers (passif, ressources) → vert

Certaines couleurs intermédiaires sont employées pour les impôts, marges, résultats, écarts, soldes intermédiaires de gestion, variations de stocks et agrégats de l'économie générale, soit dans les tons violet et mauve, soit dans les tons marron, orange et gris.

Ces couleurs sont **cohérentes d'un domaine à l'autre**, que ce soit la finance, les systèmes comptables, l'économie générale ou l'économie d'entreprise.

Cette méthode permet :

- une internationalisation de la **visualisation** des concepts,
- une facilité de **compréhension** et de **mémorisation**,
- une **cohérence** de formation et de communication.

Le graphisme est à base de colonnes verticales avec de nombreuses variantes.

La marque et la méthode Schémacolor sont déposées à l'INPI.

Signification des couleurs utilisées

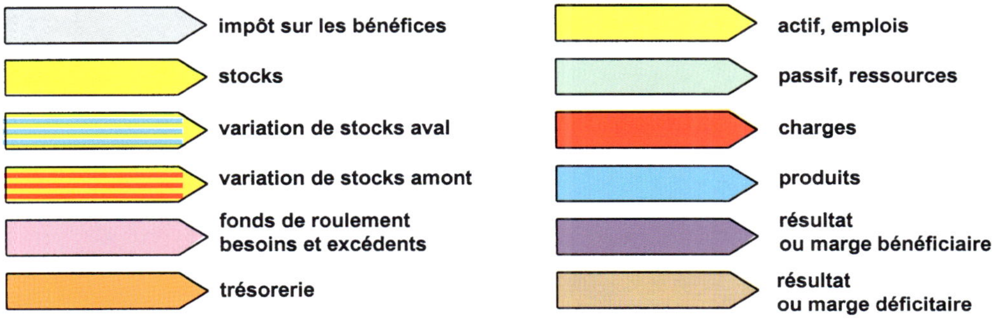

PLAN DU LIVRE

INDEX ALPHABETIQUE

DEFINITIONS

ACTIF
Valeur de l'ensemble des biens (stocks, liquidités), des moyens (immobilisations corporelles et financières) et des droits (créances, immobilisations incorporelles) possédés par une entreprise, valeur déterminée à la date de l'inventaire, c'est-à-dire à une date précise.

BALANCE
Document indiquant en fin de période le **solde de tous les comptes** de l'entreprise. La balance permet d'établir le compte de résultat et le bilan et indique le cumul des mouvements de débits et de crédits.

BILAN
Inventaire chiffré **à une date précise** de la situation :

- d'une part, des biens, des moyens et des droits détenus par l'entreprise, et,
- d'autre part, des dettes de l'entreprise tant vis-à-vis de ses propriétaires que des autres tiers.

Le bilan peut être défini comme étant la **situation à une date précise** des ressources et des emplois de l'entreprise.

CHARGES
Terme comptable désignant les consommations de l'entreprise chiffrées en valeur monétaire.
Les charges comprennent les achats consommés et les frais qui se rapportent à l'exploitation de l'exercice en cours, ainsi que les dotations aux comptes d'amortissements et de provisions.

CLASSE COMPTABLE
Subdivision principale en 9 parties de l'ensemble des comptes prévus par le plan comptable.

COMPTABILITE
Système de **valorisation des flux** de biens et de services ; flux entrant et sortant de l'entreprise en ce qui concerne la comptabilité générale, flux internes à l'entreprise en ce qui concerne la comptabilité analytique.
La comptabilité analytique est conçue pour mettre en relief les éléments constitutifs des coûts et résultats qui présentent le plus d'intérêt pour la direction de l'entreprise et les responsables de tous niveaux.

COMPTABILITE EN PARTIE DOUBLE
Système qui consiste à créditer un compte par le débit d'un autre. A chaque fois qu'il sort une valeur d'un compte, cette même valeur doit rentrer dans un autre compte. La comptabilité en partie double a pour effet, en comptabilité générale, de **connaître en permanence la position de l'entreprise vis-à-vis des tiers** : dettes et créances.

COMPTE DE RESULTAT
Divisé en deux colonnes, ce compte enregistre les charges et les produits au cours d'une période. La différence entre les deux colonnes dégage le résultat après impôt sur les bénéfices et après participation des salariés.
Les charges et les produits sont répartis en **opérations d'exploitation, opérations financières et opérations exceptionnelles.**

CONSOMMATIONS
Ensemble des biens et des services détruits ou transformés pendant une période. Par extension, les amortissements et les provisions sont des consommations utiles ou inutiles de moyens.

CREDIT
Opération comptable qui consiste à sortir des valeurs de la colonne de droite d'un compte.

CREDITEUR
Se dit d'une personne qui a des sommes portées à son crédit.
En comptabilité, cet adjectif est toujours accolé au mot « solde » : un solde est créditeur lorsque le total des crédits est supérieur à celui des débits.

DEBIT
Opération comptable qui consiste à entrer des valeurs dans la colonne de gauche d'un compte.

DEBITEUR
Se dit d'une personne tenue envers une autre d'exécuter une prestation.
En comptabilité, cet adjectif est toujours accolé au mot « solde » : un solde est débiteur lorsque le total des débits est supérieur à celui des crédits.

DEPRECIATION

Différence en moins entre la valeur brute et la valeur nette comptable d'un élément actif. Elle est constatée, selon les cas, par des provisions ou des amortissements pour dépréciation.

EXERCICE

Période de la vie d'une entreprise s'étendant généralement sur 12 mois. A la fin de chaque exercice, l'entreprise doit faire l'inventaire de ses biens et de ses dettes. Chaque exercice donne lieu à la production légale de documents comptables et d'actes juridiques en particulier dans les entreprises sous forme de sociétés.

EXPLOITATION

Dans le sens comptable, l'exploitation consiste à enregistrer les consommations, d'une part, et les productions, d'autre part, pendant toute une période.

FLUX

Déplacement d'une quantité de biens, de services, de monnaie, durant un certain temps :

- un flux de biens ou de services,
- un flux monétaire.

Une même opération se traduit par deux flux d'égale valeur et de sens contraire qui se traduisent eux-mêmes en comptabilité par un emploi ou une ressource et l'enregistrement au débit d'un compte (augmentation des emplois ou diminution des ressources) et au crédit d'un autre compte (augmentation des ressources ou diminution des emplois) : système de la « partie double ».
La différence de vitesse des flux provoque des dettes et des créances.

GRAND LIVRE

Expression ancienne signifiant « ensemble des comptes tenus par l'entreprise ». Le Grand Livre est divisé en de nombreux grands livres auxiliaires.

JOURNAL

Document sur lequel toutes les transactions et les flux sont désignés en clair dans l'ordre chronologique et avec leurs montants correspondants. Ce document est divisé en journaux auxiliaires. Les journaux se présentent souvent sous forme de listings informatisés.

PASSIF

Ensemble des dettes de l'entreprise vis-à-vis des tiers à une date précise. Le passif comprend :

- les dettes vis-à-vis des propriétaires, dettes qui ne comportent ni la garantie d'être remboursées, ni la date du remboursement,
- les dettes vis-à-vis des autres tiers qui comportent à la fois une promesse de remboursement et une date d'échéance.

PLAN COMPTABLE

Ensemble de conseils, de directives, d'instructions et de procédures relatifs à la tenue de la comptabilité des entreprises, contenu dans un livre édité par l'Imprimerie Nationale sous la responsabilité du Conseil National de la Comptabilité. Le plan comptable est un document officiel ayant force de loi seulement pour la comptabilité générale. A ne pas confondre avec « *cadre comptable* ».

PRINCIPES COMPTABLES

Conventions sur lesquelles se fonde la présentation des résultats issus de la comptabilité et dont le respect participe de la **sincérité du bilan et des comptes**, afin de donner une **image fidèle** du patrimoine, de la situation financière et du résultat de l'entreprise.
Bien qu'ils ne soient pas codifiés, ces principes comptables sont admis implicitement, voire explicitement.
On en relève sept :

- **continuité** de l'exploitation,
- **autonomie** des exercices,
- **nominalisme** (ou stabilité de l'unité monétaire),
- **fixité** (ou permanence des méthodes),
- **non-compensation** entre deux éléments de l'actif et du passif, ainsi que deux éléments des charges et des produits,
- **importance relative** : les états financiers doivent révéler toutes les opérations dont l'importance peut affecter les évaluations ou les décisions,
- **prudence**.

PRODUIT D'EXPLOITATION

Contre-valeur monétaire d'une marchandise ou d'un produit (bien ou service) créé par l'entreprise.

Un produit d'exploitation s'exprime en prix de vente lorsqu'il correspond à une marchandise ou à un produit vendu à un tiers. Il s'exprime en coût, calculé à un niveau approprié, s'il correspond à un produit créé par l'entreprise pour elle-même ou s'il entre dans la variation de production stockée.

Une subvention d'exploitation est assimilée à un produit d'exploitation.

PRODUITS

Les produits comprennent toute la production chiffrée en valeurs monétaires de l'entreprise au titre de l'exploitation se rapportant à une période déterminée.

La production comprend non seulement ce qui a été vendu, mais également ce qui est entré et resté en stock, ainsi que la production de l'entreprise pour elle-même réalisée au cours de la période appelée « *production immobilisée* ».

PRUDENCE

Parmi les « principes comptables », la règle de prudence est considérée comme essentielle dans le Plan Comptable.

« **La prudence est l'appréciation raisonnable des faits** afin d'éviter le risque de transfert sur l'avenir d'incertitudes présentes susceptibles de grever le patrimoine et les résultats de l'entreprise ».

REPORT

Opération qui consiste à écrire en début de période le solde du même compte déterminé à la fin de la période précédente.

Le solde débiteur antérieur est inscrit au débit, le solde créditeur antérieur est inscrit au crédit.

RESULTAT

Ecart entre :

- d'une part, les charges y compris la variation des stocks amont, les dotations aux amortissements et aux provisions, l'impôt sur les bénéfices, la participation des salariés, et,
- d'autre part, l'ensemble des produits y compris la variation des stocks aval, les subventions d'exploitation, les reprises d'amortissements et de provisions.

STOCK AMONT

Ensemble des biens (marchandises, matières premières, pièces détachées à l'extérieur, matières consommables, emballages perdus, fournitures diverses), entreposés dans l'entreprise ou chez un fournisseur sous la responsabilité de l'entreprise avant leur entrée dans le processus de transformation, de production, de vente ou de destruction.

STOCK AVAL

Ensemble des biens et des services ayant subi un début de transformation ou de production tels que les en-cours de production de biens ou de services, les productions intermédiaires ou semi-ouvrées ou semi-finies, ou ayant terminé leur cycle de transformation et de production , tels que les produits finis.

TABLEAU DE FINANCEMENT

Tableau des emplois et des ressources qui explique les variations du patrimoine de l'entreprise au cours de la période de référence (définition du plan comptable).

Définition complémentaire :

Tableau indiquant d'une part les ressources d'une période, c'est-à-dire leur provenance et leur catégorie, et d'autre part les emplois de la même période, c'est-à-dire l'usage par catégorie, par rubrique, par poste que l'entreprise a fait de ses ressources.

Le tableau de financement prévisionnel représente la synthèse des plans d'investissement et de financement.

1

Le rôle de la comptabilité dans l'entreprise

Cette première partie permet de découvrir la comptabilité générale et de déterminer son rôle dans l'entreprise. Faut-il encore en connaître les techniques, la définition de quelques concepts et les principaux mécanismes.

Bien assimiler les deux premières parties, c'est déjà être en mesure de comprendre (un peu) les comptables.

1 La comptabilité générale dans l'entreprise

2 Les différentes utilisations de la comptabilité

3 Les buts de la comptabilité

4 Les différentes formes de la comptabilité

5 La fonction comptable, la fonction gestion et la fonction audit

6 Le plan comptable

7 Le cadre comptable

1 LA COMPTABILITE GENERALE DANS L'ENTREPRISE

L'entreprise est un être vivant : elle est en bonne ou en mauvaise santé, bien portante, en croissance, ou malade. Elle naît et elle meurt soit d'une lente agonie, soit de mort violente, soit étouffée par son environnement, soit de mort due parfois à des virus ou des microbes.

Que ferait un médecin sans mesures : analyses de sang, taux de cholestérol, tension artérielle, mesure de l'effort, température ...

Comment l'entreprise pourrait faire l'objet d'un diagnostic et de thérapie sans mesures permanentes ou chroniques de ses activités.

Ce n'est évidemment pas le taux des lipides ni l'analyse du sang ni la température du thermomètre qui guérissent.

La comptabilité générale trop décriée par certains managers est l'un des outils de mesure le plus important (et non le seul). Elle sert à faire le diagnostic et à prendre des décisions. Son rôle est actif quoique, théoriquement, tourné vers le passé.

La comptabilité générale est un maillon de la chaîne de gestion de l'entreprise au sens large. Comment pourrait-on aborder le contrôle de gestion, la gestion budgétaire, la stratégie, le management, sans connaître les bases de la comptabilité générale ?

Technique indispensable à connaître mais, loin d'être suffisante, elle permet à tout responsable d'entreprise, d'organisation, de service public ou d'association de comprendre, de critiquer, d'agir et de participer à la gestion.

L'organisation comptable dépend de sa typologie : grande, petite, réalisant des produits complexes sur devis ou en production continue, entreprise de production ou de négoce sont quelques critères qui définissent l'importance et la complexité de la comptabilité au sein de l'entreprise.

La comptabilité n'est pas organisée de la même façon dans une entreprise de chaussettes que dans une unité de production d'ordinateurs ou une association de défense des intérêts communaux.

Cependant, il faut connaître « le minimum légal » de toute organisation comptable, même dans le cas où la comptabilité est entièrement informatisée.

2 LES DIFFERENTES UTILISATIONS DE LA COMPTABILITE

Il y a plusieurs façons « d'exploiter » la comptabilité.

- On peut utiliser la comptabilité pour contrôler l'exactitude des chiffres en vérifiant la concordance parfaite entre les montants ; ainsi l'actif doit être égal au passif, les soldes débiteurs doivent être égaux aux soldes créditeurs en fin d'exercice. Le résultat du compte de résultat doit être identique à celui porté au bilan, etc.
  Dans ce cas, les données de l'entreprise ou de l'organisme sont classées et décomptées en fonction des règles strictes du plan comptable général dont l'application légale est rigoureuse.

- On peut utiliser la comptabilité à des fins strictement fiscales et, dans ce cas, autant se servir de la liasse fiscale qui ne sert pratiquement qu'à l'administration fiscale, seule à s'y retrouver dans la présentation des chiffres sur des imprimés particulièrement tristes et peu pratiques. N'étant pas très attrayante, ces liasses ne suscitent pas souvent l'intérêt des financiers, des actionnaires, des partenaires sociaux ou des directeurs même s'ils sont PDG.

- On peut, enfin, utiliser la comptabilité comme outil de gestion, mais il est nécessaire, alors, d'opérer ce que l'on appelle en terme comptable des reclassements, c'est-à-dire des regroupements de chiffres et de les ordonner, alors, dans un ordre différent de celui préconisé soit par le plan comptable, soit par la triste liasse fiscale.

documents	**utilité**(1)	**utilisateurs**	**utilisations**
principes et tableaux préconisés par le plan comptable général	comptable	les comptables	rigueur, exactitude des rapports annuels
la liasse fiscale	fiscale	le Fisc	détermination de l'impôt
documents et schémas de reclassement	économique (gestion/finance)	les managers les financiers les partenaires(2)	l'information les décisions

(1) Il n'y a pas d'entreprise sans comptabilité, pas d'Etat sans impôts et pas de dirigeants sans chiffres. Il n'est pas question, ici, de sous-estimer une utilité par rapport aux autres.

(2) Partenaires : les dirigeants, les cadres, le personnel, les partenaires sociaux, les actionnaires, les banquiers, les fournisseurs, les membres d'une association, la presse économique, etc.

3 LES BUTS DE LA COMPTABILITE

La comptabilité, dans ses différentes formes, permet au gestionnaire :

- de connaître le montant et l'origine des **résultats** passés et futurs ;
- de vérifier le **bien-fondé des décisions prises** ou à prendre ; à cet égard, c'est bien un outil de gestion et de prévision ;
- de connaître la **position de l'entreprise vis-à-vis de tous les tiers**, c'est-à-dire de savoir en permanence et même à l'avance à qui l'entreprise doit de l'argent et qui lui en doit ;
- de contrôler l'évolution du **patrimoine** de l'entreprise.

La comptabilité ne saurait avoir pour seul but de payer ou de ne pas payer d'impôts. La fiscalité ne peut être qu'un sous-produit de la comptabilité. Une comptabilité organisée en vue de ne répondre qu'à des soucis de fiscalité risquerait de priver les responsables de l'entreprise d'un outil de gestion indispensable.

Malgré son utilité évidente, la comptabilité générale ne peut constituer à elle seule un outil de gestion suffisant.

		«comptabilité» budgétaire	comptabilité analytique	comptabilité générale
	les systèmes comptables concernent	... tous les responsables et la direction	... tous les responsables	... les directions et ... pour l'information : . le personnel . les propriétaires . les tiers
buts	montant et origine du résultat	●	●	●
	bien-fondé des décisions	●	●	●
	positions vis-à-vis des tiers	● (1)	● (2)	●
	évolution du patrimoine			●

(1) Par le budget de trésorerie et par les plans d'investissement et de financement.
(2) Vis-à-vis des « tiers internes », surtout dans les sociétés importantes.

4 LES DIFFERENTES FORMES DE LA COMPTABILITE

La **comptabilité générale** permet pour l'ensemble de l'entreprise :

- de constater les charges et les produits par nature, c'est-à-dire **les flux** de consommation et de production ;
- de faire apparaître les **résultats** d'une période, c'est-à-dire la variation du patrimoine due à l'activité de l'entreprise ;
- de faire le point périodiquement de la situation des biens et des dettes de l'entreprise, c'est-à-dire d'indiquer et de chiffrer la **situation du patrimoine**.

La comptabilité générale enregistre les flux externes.

La **comptabilité analytique** a pour put d'indiquer les coûts par centre de responsabilité, ou par secteur d'activité, ou par produit ou par marché. C'est la comptabilité du passé / présent. Elle enregistre les flux internes et décrit le processus de transformation des biens et des services depuis leur entrée jusqu'à leur sortie de l'entreprise.

La **comptabilité budgétaire** ou comptabilité prévisionnelle consiste à organiser et à chiffrer les prévisions effectuées par les centres de responsabilité, c'est-à-dire par les différents responsables des services et des centres de gestion de l'entreprise à partir d'objectifs déterminés. L'ensemble de ces prévisions regroupées et coordonnées au niveau de l'entreprise permet d'établir les différents budgets (ventes, approvisionnements, trésorerie, etc.) et le budget général.

Les comptabilités analytique et budgétaire sont étroitement liées : il s'ensuit que l'organisation des comptes doit être identique dans l'une et l'autre pour éviter la dispersion des responsabilités. Une comptabilité analytique sans comptabilité budgétaire, n'a vraiment peu de sens sinon même peu d'utilité. C'est comme si un unijambiste voulait courir un marathon.

Lors de la mise en place d'un système de contrôle de gestion, il est préférable de commencer par l'organisation de la comptabilité analytique. C'est une étape nécessaire à réaliser en premier lieu mais cette étape, en soi, est insuffisante. La mise en place d'un **système budgétaire** doit suivre au plus tôt.

Les comparaisons entre les chiffres indiqués par la comptabilité ou système budgétaire et ceux de la comptabilité analytique permettent d'analyser **les écarts entre les prévisions et les réalisations**.
L'exploitation de la comptabilité analytique permet d'**analyser les résultats** et de préciser les **origines du résultat** global indiqué par la comptabilité générale.

On peut également avoir une comptabilité générale prévisionnelle (futur). Il s'agit, en fait, de mettre en forme les budgets de l'entreprise suivant le « modèle » comptable. On a alors un excellent outil de gestion prévisionnelle au niveau d'une direction d'entreprise mais qui est loin d'être suffisant.

L'un des rôles, parmi beaucoup d'autres, du contrôleur de gestion consiste à **analyser les résultats et les écarts avec les responsables et pour les responsables** en utilisant les informations contenues dans les différents systèmes comptables.

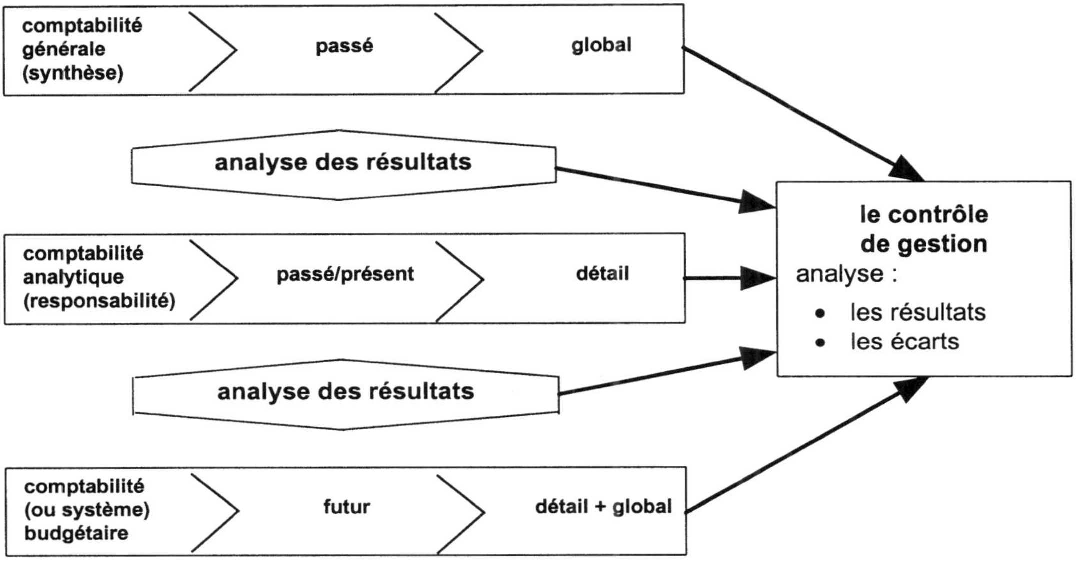

5 LA FONCTION COMPTABLE, LA FONCTION GESTION ET LA FONCTION AUDIT

On avait souvent tendance à opposer dans les entreprises la fonction comptable et la fonction gestion : or, ces deux fonctions sont parfaitement complémentaires.

Le **comptable** classe et enregistre les informations chiffrées. Son rôle est en apparence passif. Il est tenu à un formalisme rigoureux. Il est condamné à une **précision absolue des chiffres**. C'est le gardien de la loi externe que représente le plan comptable et des lois internes que représentent les procédures spécifiques à la gestion de l'entreprise. Le comptable est impartial et devrait être indépendant au sens juridique du terme.

Le **gestionnaire** exploite et interprète les informations chiffrées que lui transmet le comptable. Il doit traiter **le plus rapidement possible** ces informations pour aider les responsables de l'entreprise à décider les actions correctives et les modifications d'objectifs ou de budget. La rapidité et la qualité de l'information sont pour lui plus importantes que la précision des chiffres. De plus, c'est le gestionnaire qui, souvent, met en place les procédures internes et apporte les précisions nécessaires à la définition des termes propres à l'entreprise.

L'audit vérifie que les procédures tant internes qu'externes définies soit par la loi, soit par les gestionnaires au sens large du terme sont **cohérentes** et correctement appliquées. En outre, il s'assure de **la qualité, de la pertinence et de la signification des informations** communiquées par les différents services et unités de l'entreprise. L'audit doit être rattaché directement à la direction générale. Il a un pouvoir d'investigation très étendu et son indépendance doit permettre aux responsables de proposer et de mettre en œuvre de multiples réformes dans tous les domaines. L'audit - ou, mieux, l'auditeur - peut être une personne physique ou morale extérieure à l'entreprise, donc très indépendante de la structure interne.

le comptable	• enregistre les informations chiffrées • classe les informations chiffrées • transmet les chiffres • diffuse les résultats	**en fonction** • des décisions prises • des opérations effectuées	Un formalisme dû : • à l'application du plan comptable national • à l'application des procédures internes • à l'indispensable précision absolue des chiffres
le gestionnaire	• participe aux décisions • contrôle les procédures et les objectifs • interprète les chiffres • mesure les réalisations	**en fonction** • des ressources • des moyens	• peu de formalisme • rapidité des informations • imagination en fonction des besoins souvent changeants • précision relative et seulement nécessaire des chiffres
l'audit[(1)]	• vérifie - l'application des procédures - la qualité et la signification des informations • procède à des analyses critiques et constructives	**en fonction** • des procédures internes • des missions reçues	• indépendance absolue • larges pouvoirs d'investigation

(1) En réalité, on devrait écrire « l'auditeur »

6 LE PLAN COMPTABLE

Le plan comptable est un ensemble de règles, de procédures, de définitions, de principes d'organisation et de recommandations rassemblés dans un recueil édité par le Conseil National de la Comptabilité, décomposé en trois parties :

dispositions générales, comptabilité générale, comptabilité analytique.

Son application est obligatoire dans toutes les entreprises.
Le plan comptable 1992 a été approuvé par arrêté du 27 Avril 1982 paru au Journal Officiel du 7 Mai 1982.

Ce document de 400 pages environ contient les rubriques suivantes :

- dispositions générales (principes, organisation des comptes, règles),
- liste de définitions des termes comptables appelée « terminologie »,
- nomenclature des comptes (tableau général des comptes),
- liste détaillée des comptes par classe comptable,
- détermination des règles de fonctionnement de certains comptes,
- modes d'évaluation de certains biens ou transactions,
- présentation des documents de synthèse dans les trois systèmes,
- l'annexe et certains documents de l'annexe,
- mécanismes et règles comptables dans certaines situations particulières,
- comptabilité analytique.

Le plan comptable constitue la base d'une bonne organisation comptable. Les présentations normalisées du bilan, du compte de résultat et de certains tableaux sont données dans le cadre du plan comptable et doivent être respectées.

Le plan des comptes comporte neuf classes.

Chaque classe est subdivisée en un certain nombre de comptes et de sous-comptes la numérotation pouvant comporter 3, 4, 5, 6 chiffres ou plus.

Le système adopté est celui de la classification décimale ; ainsi, par exemple :

7 ou classe 7 représente les comptes de produits (par nature),
7● : compte principal : VENTES,
7●● : compte divisionnaire : ventes de marchandises,
7●●● : sous-compte : ventes de marchandises en France, etc.

Pour les comptes de la **COMPTABILITE GENERALE**, le classement choisi se réfère à la nature des opérations.

- **La classe 1** regroupe les comptes de capitaux dont les soldes sont presque toujours créditeurs : ils apparaissent au passif(1).
- **La classe 2** regroupe les comptes d'immobilisations dont les soldes sont presque toujours débiteurs : ils apparaissent à l'actif(2).
- **La classe 3** regroupe les comptes de stocks et d'en-cours dont les soldes sont toujours débiteurs et sont inscrits à l'actif(3).
- **La classe 4** regroupe les comptes de tiers (par exemple les comptes clients et fournisseurs et l'Etat) dont les soldes sont soit débiteurs, soit créditeurs.
- **La classe 5** regroupe les comptes financiers dont les soldes sont soit débiteurs, soit créditeurs, sauf les comptes caisse et CCP qui sont des comptes financiers toujours débiteurs et se trouvent toujours à l'actif.
- **La classe 6** regroupe les comptes de charges.
- **La classe 7** regroupe les comptes de produits.
- **La classe 8** regroupe un certain nombre de **comptes spéciaux** qui indiquent des risques, en général improbables, et qui n'ont pas toujours donné lieu à des échanges de valeurs. C'est ainsi que, dans les comptes spéciaux, on trouve les engagements donnés et les engagements reçus, tels que le montant des **traites remises à l'escompte**, le montant des **engagements** vis-à-vis des fournisseurs ; on pourrait y inclure le montant du **carnet de commandes**. On a également dans ces comptes les **avals** et les **cautions** reçus ou donnés par l'entreprise. Ces comptes spéciaux sont particulièrement importants pour l'information des tiers. Ils sont en dehors de la comptabilité au sens étroit du terme. Certains de ces comptes peuvent être éventuellement tenus par un autre service que la comptabilité.
- **La classe 9** regroupe l'ensemble des **comptes analytiques**. La comptabilité analytique est nettement séparée de la comptabilité générale, mais les résultats dégagés par la comptabilité analytique doivent recouper ceux de la comptabilité générale.

Autant l'organisation des classes 1 à 7 est rigoureuse, autant l'organisation des classes 8 et 9 reste libre et le plan comptable n'indique à cet égard que des recommandations. Il laisse la possibilité aux différentes branches professionnelles d'organiser la classe 9 suivant les nécessités particulières à ces branches.

(1) Sauf les soldes des comptes de résultat et de report à nouveau qui peuvent être débiteurs et inscrits avec le signe « moins » au passif du bilan.

(2) Les comptes d'amortissement sont créditeurs et apparaissent avec le signe « moins » à l'actif à côté de chaque poste d'immobilisation ; il en est de même du compte créditeur de certaines provisions. Les comptes créditeurs de provisions apparaissent en « moins » à l'actif lorsque ces provisions se rapportent à des biens ou à des droits possédés par l'entreprise.

Les documents de synthèse comprennent :

- le **bilan**,
- le **compte de résultat**,
- l'**annexe** (constituée d'une trentaine de documents et tableaux),
- le **tableau des emplois et des ressources** de l'exercice appelé également **tableau de financement**.

Il existe trois systèmes, cohérents entre eux, de comptabilité :

- le **système abrégé**, que doivent adopter les petites entreprises,
- le **système de base**, que doivent adopter toutes les entreprises moyennes et grandes,
- le **système développé**, dont l'application est toujours facultative. Ce système comporte une grande décomposition des comptes et de nombreux documents annexes.

Le système abrégé peut utiliser des comptes de systèmes plus élaborés et les documents des annexes prévus dans les systèmes plus élaborés.

Le système de base peut utiliser des comptes du système développé et les documents des annexes prévus dans le système développé.

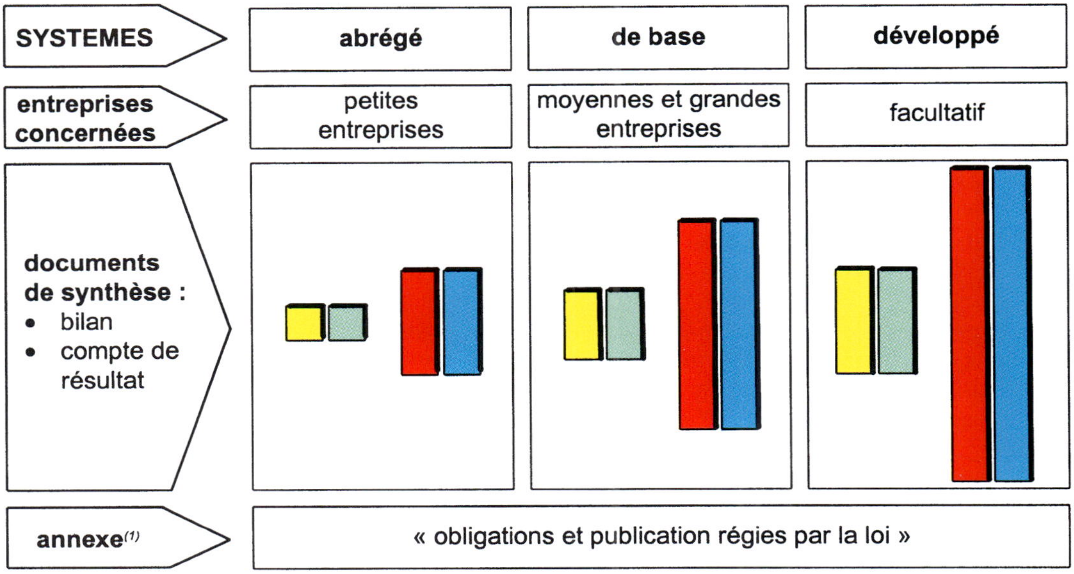

(1) annexe : au singulier, bien qu'elle comporte parfois un grand nombre de documents.

Le plan comptable regroupe un certain nombre de règles, de principes, d'obligations et de recommandations dont l'ensemble constitue une véritable déontologie comptable.

La comptabilité doit donner une **image fidèle** de la situation de l'entreprise quant à son patrimoine, à sa situation financière et à ses résultats.

- **LES PRINCIPES**

Il doit y avoir **continuité de l'exploitation**. Ainsi, même si une entreprise n'avait aucune activité pendant un an, elle devrait quand même tenir sa comptabilité.

Les méthodes de comptabilisation doivent être **permanentes** d'un exercice à l'autre ; en cas de changements de méthodes, il y aurait lieu de les justifier. Les exercices sont **indépendants** les uns des autres c'est-à-dire que la comptabilité doit faire apparaître le résultat périodiquement, clôturer(1) et ouvrir les comptes à chaque exercice.

Les documents de synthèse doivent toujours être **présentés de la même façon** dans le cadre des recommandations du plan comptable et de telle façon qu'il puisse y avoir possibilité de comparer les informations comptables dans le temps et dans l'espace.

Il ne doit pas y avoir de **compensations** entre les charges et les produits et entre l'actif et le passif : ainsi, si un tiers, est à la fois client et fournisseur, il ne faut pas compenser les dettes et les créances sous prétexte qu'il s'agit de la même personne physique ou morale.

- **LES REGLES**

Elles sont au nombre de trois.

- **Prudence** : la comptabilité ne doit laisser aucune incertitude sur les risques futurs.
- **Régularité** : les comptables sont astreints au respect des procédures édictées par le plan comptable.
- **Sincérité** : les comptables - et les dirigeants - doivent être de bonne foi, le non-respect de cette règle pouvant conduire les fautifs à payer de fortes amendes ou à passer quelques semaines ... en maison d'arrêt.

(1) On devrait dire « fermer ». On peut dire aussi « solder un compte ».

- **LES OBLIGATIONS**

Les données doivent être enregistrées **sans retard** et sans omissions dans l'ordre chronologique.

Vis-à-vis des tiers, la comptabilité est tenue d'apporter des éléments permettant de fournir des **informations claires, précises et complètes** des opérations, des événements et de la situation de l'entreprise.

Les informations doivent être **cohérentes dans le temps**.

La comptabilité doit être tenue en **langue française**.

- **L'ORGANISATION**

L'organisation doit permettre :

- la **saisie complète** des données.
- l'**enregistrement chronologique** des informations (par exemple, les factures doivent être numérotées).
- la **conservation** des données et documents de base (en particulier un comptable n'a pas le droit de se dessaisir d'une pièce classée, mais peut en faire des photocopies dans le cadre des instructions ou initiatives qui lui sont données).
- le **traitement des informations** (un dirigeant ne peut pas trouver une excuse vis-à-vis des tiers devant le manque d'informations du fait du manque de comptables ou d'un sous-équipement comptable).
- le **contrôle de l'exactitude** des documents et informations.

7 LE CADRE COMPTABLE

				comptabilité
		comptes de bilan		
classe 1	**classe 2**	**classe 3**	**classe 4**	**classe 5**
comptes de capitaux (capitaux propres, emprunts et dettes assimilées)	**comptes d'immobilisations**	**comptes de stocks et en-cours**	**comptes de tiers**	**comptes financiers**
10 Capital et réserves	**20** Immobilisations incorporelles	**30**	**40** Fournisseurs et comptes rattachés	**50** Valeurs mobilières de placement
11 Report à nouveau	**21** Immobilisations corporelles	**31** Matières premières (et fournitures)	**41** Clients et comptes rattachés	**51** Banques, établissements financiers et assimilés
12 Résultat de l'exercice	**22** Immobilisations mises en concession	**32** Autres approvision-nements	**42** Personnel et comptes rattachés	**52**
13 Subventions d'investissement	**23** Immobilisations en cours	**33** En-cours de production de biens	**43** Sécurité sociale et autres organismes sociaux	**53** Caisses
14 Provisions réglementées	**24**	**34** En-cours de production de services	**44** Etat et autres collectivités publiques	**54** Régies d'avances et accréditifs
15 Provisions pour risques et charges	**25**	**35** Stocks de produits	**45** Groupes et associés	**55**
16 Emprunts et dettes assimilées	**26** Participations et créances rattachées à des participations	**36**	**46** Débiteurs divers et créditeurs divers	**56**
17 Dettes rattachées à des participations	**27** Autres immobilisations financières	**37** Stocks de marchandises	**47** Comptes transitoires ou d'attente	**57**
18 Comptes de liaison des établissements, et sociétés en participation	**28** Amortissements des immobilisations	**38**	**48** Comptes de régularisation	**58** Virements internes
19	**29** Provisions pour dépréciations des immobilisations	**39** Provisions pour dépréciation des stocks et en-cours	**49** Provisions pour dépréciation des comptes de tiers	**59** Provisions pour dépréciation des comptes

générale			comptabilité analytique
comptes de gestion		comptes spéciaux	
classe 6	classe 7	classe 8[1]	classe 9[2]
comptes de charges	**comptes de produits**	**comptes spéciaux**	**comptes analytiques**
60 Achats (sauf 603) 603 : variation des stocks (approvisionnements et marchandises)	**70** Ventes de produits fabriqués, prestations de services, marchandises	**80** Engagements	**90** Comptes réfléchis
61 Services extérieurs	**71** Production stockée (ou déstockage)	**81**	**91** Reclassement préalable des charges et des produits de la comptabilité générale
62 Autres services extérieurs	**72** Production immobilisée	**82**	**92** Centres d'analyse (centres de travail et sections)
63 Impôts, taxes et versements assimilés	**73** Produits nets partiels sur opérations à long terme	**83**	**93** Coûts des produits stockés
64 Charges de personnel	**74** Subventions d'exploitation	**84**	**94** Stocks
65 Autres charges de gestion courante	**75** Autres produits de gestion courante	**85**	**95** Coûts des produits vendus
66 Charges financières	**76** Produits financiers	**86**	**96** Ecarts sur coûts préétablis
67 Charges exceptionnelles	**77** Produits exceptionnels	**87**	**97** Différence de traitement comptable
68 Dotations aux amortissements et aux provisions	**78** Reprises sur amortissements et provisions	**88** Résultat en instance d'affectation	**98** Résultats de la comptabilité analytique
69 Participation des salariés, impôts sur les bénéfices et assimilées	**79** Transferts de charges	**89** Bilan	**99** Liaisons internes

(1) Cette classe de comptes regroupe tous les comptes spéciaux qui n'ont pas leur place dans les classes 1 et 7.
(2) L'utilisation des comptes présentés dans cette colonne n'est pas obligatoire. En cas d'utilisation d'une numérotation différente, il est recommandé d'établir un tableau de liaison.

2

Les techniques de la comptabilité

Comme toute profession ou fonction, la comptabilité a sa langue, ses us et coutumes, ses traditions, ses concepts, ses curiosités et, même, certains diront ses manies.

N'en est-il pas de même en informatique, en avionique, en bureautique, en statistique, en mathématique ...

Débit, crédit, soldes, actif, passif, balance, journal et grand livre ....

Tous ces mots recouvrent des réalités vraiment simples à comprendre. L'effort (minimum) pour les retenir constitue le point de passage obligé pour aborder la suite.

1 LA THEORIE DES COMPTES

Un compte est normalement composé de deux colonnes :

- dans la première, celle de gauche, on inscrit les entrées de valeurs ;
- dans la deuxième, celle de droite, on inscrit les sorties de valeurs ;
- il faudrait même une troisième colonne, dans laquelle on inscrirait les suppléments de sorties par rapport aux entrées ou les suppléments d'entrées par rapport aux sorties.

On peut tenir des comptes par unités physiques : on peut entrer des heures, sortir des heures ; on peut entrer des voitures, sortir des voitures, on peut même ... entrer des francs et sortir des francs.

Entrées, sorties, supplément d'entrées par rapport aux sorties ou l'inverse : c'est ce que l'on appelle **la théorie des comptes**.

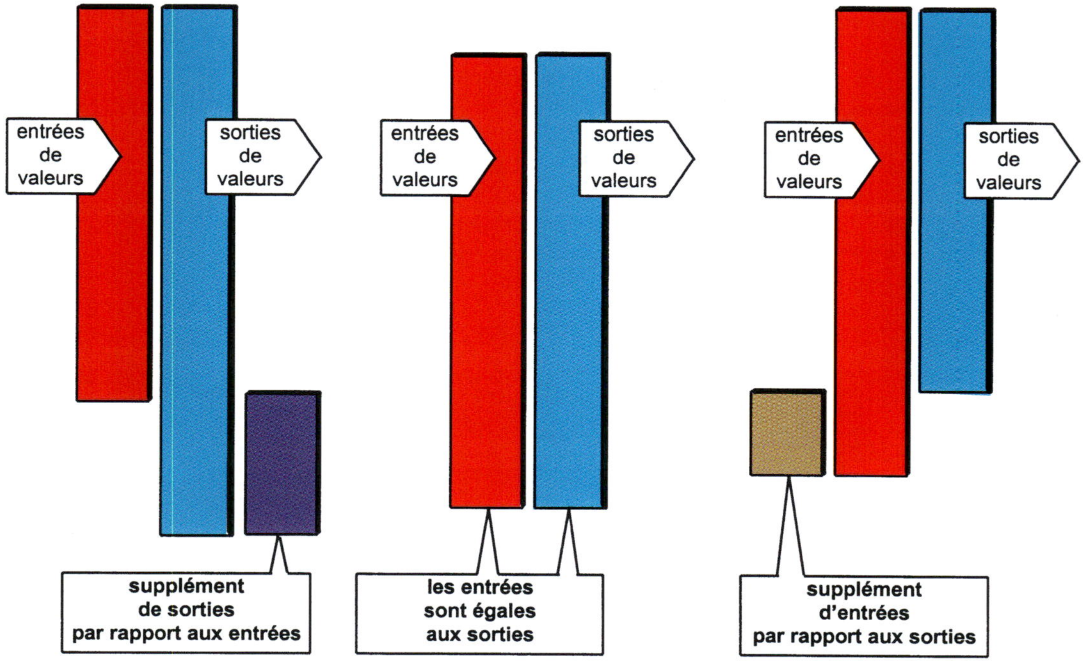

2 LA PRESENTATION DES COMPTES

La théorie des comptes est simple et accessible à tout le monde. En fait, les comptables ont adopté un langage quelque peu différent de celui qui vient d'être employé.

Au lieu d'entrées, ils parlent de **débits**[(1)].

Au terme de sorties, ils préfèrent le terme de **crédits**[(1)].

Enfin, au terme de supplément ou d'écart, ils préfèrent le mot « **solde** ».

Si les crédits sont supérieurs au débits, on dit que ce compte dégage un **solde créditeur** et, en fin de période, ce solde créditeur est inscrit du côté des débits, ce qui a pour conséquence d'avoir des totaux identiques à droite et à gauche[(2)].

De même, si les débits sont supérieurs aux crédits, le **solde débiteur** est inscrit en fin de période du côté des crédits pour retrouver les totaux identiques des deux côtés[(2)].

La subtilité consiste à savoir **par rapport à qui ou à quoi il entre des valeurs et par rapport à qui ou à quoi il sort des valeurs** . Or, ceci ne relève pas d'un automatisme quelconque mais ne relève que du raisonnement tout au moins pour les non-initiés.

Pour illustrer la théorie des comptes, prenons un premier exemple : **le compte caisse**.

On enregistre dans ce compte les entrées de valeurs, c'est-à-dire les entrées de billets de banque dans la caisse. On débite la caisse du montant des billets qui entrent dans la caisse puisque débit signifie **entrée**. On crédite la caisse à chaque fois que l'on sort des billets de banque de la caisse, puisque crédit signifie **sortie**.

- **Créditer le compte caisse** : c'est sortir des billets de banque du coffre-fort de l'entreprise.
- **Débiter le compte caisse** : c'est y entrer des billets de banque.

Il est bien évident qu'un tel compte a toujours un solde débiteur. En effet, il y a toujours eu davantage d'entrées que de sorties d'argent depuis l'origine de l'entreprise, car il n'est pas possible que l'entreprise ait des billets soit en quantité, soit en valeurs négatives[(3)].

(1) Raisonnement dont il faut se méfier dans les cas très particuliers de redressements d'écriture ou dans des opérations de régularisation. (Remarque pour les spécialistes !).
(2) Le compte est dit « balancé » quand les totaux sont identiques ... à droite et à gauche.
(3) Ceci est particulièrement important d'abord parce qu'un solde créditeur détecterait tout de suite une erreur, et ensuite parce qu'il est impossible d'utiliser les termes de « disponibilités ou liquidités négatives », termes barbares et contresens que l'on entend parfois.

Dans un deuxième exemple, prenons un **compte fournisseur** tenu par une entreprise. Dans ce compte, on enregistre :

- à droite : le montant des biens ou services **sortis** de chez le fournisseur, puisque crédit signifie **sortie** ;
- à gauche : les valeurs (chèques, effets de commerce ou espèces) **entrées** chez le fournisseur en paiement des biens ou services fournis puisque débit signifie **entrée**.

Tant qu'il y a davantage de sorties de valeurs de chez le fournisseur qu'il n'y en a d'entrées chez lui, cet écart représente une dette de l'entreprise vis-à-vis de son fournisseur.

Jusqu'à extinction de la dette, on aura donc un solde créditeur inscrit en fin de chaque période du côté des débits. Ce solde créditeur représentera à des dates successives le montant du reste de la dette de l'entreprise vis-à-vis du fournisseur. Au passif du bilan de l'entreprise, ce solde représente la situation de la dette de l'entreprise vis-à-vis du fournisseur à une date précise.

On pourrait tenir le même raisonnement que pour l'exemple précédent vis-à-vis d'une banque quand l'entreprise lui emprunte ou lui rembourse de l'argent, car la banque est un fournisseur d'argent.

D'une façon générale, pour les comptes de bilan :

- **les soldes débiteurs** sont à l'actif du bilan puisqu'il s'agit de biens possédés par l'entreprise, tel le montant des billets de banque à une date donnée[1].
- **les soldes créditeurs** représentant la situation des dettes de l'entreprise sont au passif du bilan[1].

(1) Parfois, on voit apparaître des soldes créditeurs en moins à l'actif et des soldes débiteurs en moins au passif : il s'agit d'une présentation financière pour satisfaire la qualité de certaines informations, ce qui sera examiné ultérieurement.

compte caisse

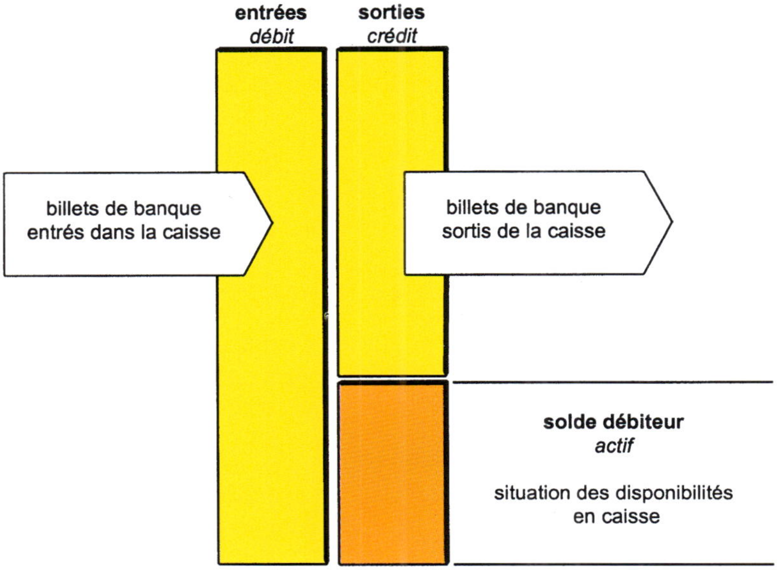

compte fournisseur

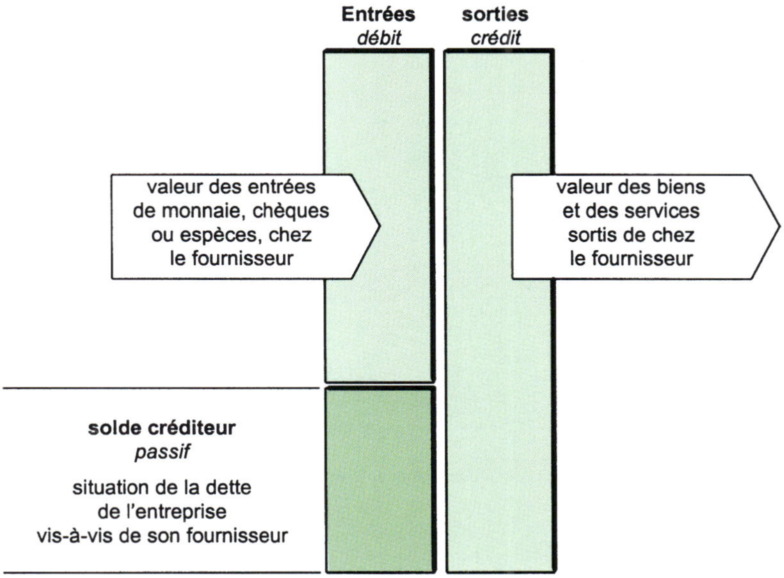

3 LE COMPTE BANQUE ET L'ENTREPRISE

Le schéma représente les comptes de deux entreprises :

- d'une part, une entreprise de production ou de services ;
- d'autre part, une banque.

L'entreprise a un compte caisse et un compte qu'elle tient vis-à-vis de la banque.
La banque, qui est aussi une entreprise, a également un compte caisse et un autre compte qu'elle tient vis-à-vis de son client.

Dans chacun de ces comptes, il y a des entrées de valeurs dans la colonne débit et des sorties de valeurs dans la colonne crédit.
Dans chacun de ces comptes, on inscrit d'abord le report du solde débiteur ou créditeur déterminé à la fin de la période précédente (en début de période, les soldes débiteurs antérieurs sont reportés du côté des débits et les soldes créditeurs du côté des crédits).

Dans le compte caisse, on inscrit le report du solde débiteur antérieur soit 1 000 Francs au débit, ce qui veut dire qu'il y a 1 000 Francs dans la caisse au début de la période. De même, au compte banque tenu par l'entreprise, on inscrit en report le solde débiteur antérieur soit 5 000 Francs , ce qui veut dire que l'entreprise possédait à la banque 5 000 Francs à la fin de l'exercice précédent, donc au début de l'exercice qui commence.

comptes tenus par l'entreprise						comptes tenus par la banque					
compte caisse			compte banque			compte client			compte caisse		
	entrées *débit*	sorties *crédit*		entrées *débit*	sorties *crédit*		entrées *débit*	sorties *crédit*		entrées *débit*	sorties *crédit*
total			total			total			total		
total			total			total			total		

Une **première opération** consiste à retirer 200 Francs de la caisse, donc à créditer la caisse, pour les verser à la banque, c'est-à-dire pour entrer 200 Francs dans le compte banque, donc à débiter la banque.
On vient de débiter le compte banque par le crédit du compte caisse. On vient de faire une opération comptable consistant à passer deux écritures de sens inverse. L'argent sorti du compte caisse est entré dans le compte banque, on pourrait même dire entré concrètement à la banque.
Toutes les opérations comptables seront du même type : une entrée dans un compte et une sortie d'un autre compte.

Par une **deuxième opération**, l'entreprise retire 500 Francs de la banque donc crédite le compte banque, et les rentre dans la caisse donc débite la caisse.
Là aussi, pour une opération on a deux écritures simultanées : c'est-à-dire un transfert constitué d'une entrée et d'une sortie : c'est là le principe de la **comptabilité en partie double**.

	comptes tenus par l'entreprise					
	compte caisse			**compte banque**		
		entrées *débit*	**sorties** *crédit*		**entrées** *débit*	**sortie** *crédit*
opérations de report en début de période	report du solde débiteur antérieur	1 000		report du solde débiteur antérieur	5 000	
opérations en cours de période	retrait de la caisse pour versement banque		200	versement de la caisse à la banque	200	
	retrait de banque chèque n°	500		retrait pour caisse chèque n° ...		500
éléments pour balance générale	**total**	**1 500**	**200**	**total**	**5 200**	**500**
soldes en fin de période *journée, semaine, mois, trimestre, année*	solde débiteur en fin de période		1 300	solde débiteur en fin de période		4 700
totaux pour contrôle	**total**	**1 500**	**1 500**	**total**	**5 200**	**5 200**

En supposant que la période soit terminée, on fait le total des débits et le total des crédits de chacun des comptes. On inscrit les soldes débiteurs du côté des crédits et on fait enfin le total général des deux colonnes pour vérifier l'égalité des montants (on pourrait tenir la comptabilité en quatre colonnes).
Le solde débiteur du compte caisse de 1 300 Francs signifie que l'entreprise possède 1 300 Francs dans sa caisse ; le solde débiteur du compte banque signifie que l'entreprise possède 4 700 Francs à la banque. Le solde débiteur étant lié à la notion de bien possédé, on peut en déduire que les soldes débiteurs sont à porter à l'actif du bilan.

Prenons maintenant la partie droite du schéma qui montre deux comptes tenus par la banque :

- un compte client qui est, en fait, celui que tient la banque vis-à-vis de l'entreprise ;
- le compte caisse de cette banque.

Lorsque l'entreprise a versé 200 Francs à la banque, la banque a passé deux écritures :

↪ par la première, elle a constaté que 200 Francs sont **sortis** de chez son client, c'est-à-dire de l'entreprise. La banque a donc enregistré 200 Francs au **crédit** du compte client,

↪ par la deuxième écriture, passée simultanément à la première, la banque a **entré** les 200 Francs dans sa caisse, c'est-à-dire qu'elle a **débité** son compte caisse.

Lorsque l'entreprise a retiré 500 Francs à la banque, la banque a constaté l'entrée de 500 Francs chez son client, c'est-à-dire qu'elle a inscrit 500 Francs au débit de son compte client, et elle a inscrit également la sortie de ces 500 Francs de la caisse, c'est-à-dire que la banque a crédité sa caisse de 500 Francs.

	comptes tenus par la banque					
	compte client			**compte caisse**		
		entrées *débit*	**sorties** *crédit*		**entrées** *débit*	**sortie** *crédit*
opérations de report en début de période	report du solde créditeur antérieur		5 000	report du solde débiteur antérieur	10 000	
opérations en cours d'exercice	versement en provenance de l'entreprise		200	somme versée par l'entreprise	200	
	retrait de l'entreprise	500		espèces retirées par l'entreprise		500
éléments pour balance générale	**total**	**500**	**5 200**	**total**	**10 200**	**500**
soldes en fin de période *journée, semaine, mois, trimestre, année*	solde créditeur en fin de période	4 700		solde débiteur en fin de période		9 700
totaux pour contrôle	**total**	**5 200**	**5 200**	**total**	**10 200**	**10 200**

On voit, qu'en fait, une opération mettant en cause deux entreprises, ici une banque et une entreprise, entraîne deux écritures du côté de l'entreprise et deux écritures du côté de la banque, c'est-à-dire qu'en fait il y a quatre écritures simultanées et de sens inverse.
On remarque que le compte client à la banque est créditeur, ce qui signifie que la banque a une dette vis-à-vis de son client qui est l'entreprise : il s'agit effectivement pour la banque d'une dette à court terme puisque l'entreprise peut retirer ces 4 700 Francs à tout moment. Le solde créditeur du compte client de la banque est inscrit au passif de la banque.

4 LA CHAINE COMPTABLE

Supposons que l'entreprise vende au client Dupont un objet. On constate, d'une part, la sortie de l'objet de l'entreprise en valeur au crédit du compte ventes ; d'autre part, la vente n'étant pas faite au comptant, on constate l'entrée en valeur de cet objet chez le client au débit du compte client. L'entreprise a vendu un objet que le client n'a pas payé et, de ce fait, l'entreprise a une créance sur le client Dupont. On a enregistré une écriture identique correspondant à un produit d'exploitation et à une variation de l'actif du bilan. Sur le schéma de référence à gauche du tableau, le total des colonnes de droite et le total des colonnes de gauche sont identiques mais se trouvent augmentées du même montant.

Si l'entreprise vend au comptant un autre objet au client Durand, on a le même type de mouvement comptable mais les écritures se traduisent d'une façon différente : la vente à Durand est enregistrée au crédit du compte de ventes comme la vente à Dupont, mais on enregistre le paiement de Durand par une entrée dans la caisse, c'est-à-dire au compte caisse(1).

Quelque temps plus tard, le client Dupont, à qui l'entreprise avait livré à crédit un objet, paie par chèque :

- on enregistre d'une part l'entrée du chèque dans la banque de l'entreprise en débitant le compte banque tenu par l'entreprise,
- on enregistre d'autre part la sortie du chèque de chez le client en créditant son compte(2).

Cette opération se traduit sur le schéma de référence par un moins à l'actif au poste créance sur client et par un plus identique au poste banque de l'actif du bilan. Les biens possédés par l'entreprise n'ont pas varié quant à leur montant mais ont été modifiés quant à leur nature. La créance possédée par l'entreprise sur le client Dupont s'est transformée en poste banque, c'est-à-dire en disponibilités en banque.

Un mouvement, une opération se traduit toujours par un débit dans un compte et un crédit dans un autre ; c'est le principe de la comptabilité en partie double.

(1) Le compte client est souvent débité et crédité même si le paiement se fait comptant. En cas de paiement comptant, il peut donc y avoir quatre inscriptions simultanées : clients/ventes et caisse/clients. Dans les entreprises recourant à l'informatique, ceci permet de simplifier le programme de l'ordinateur et de procéder à des statistiques de ventes plus élaborées.

(2) La règle comptable consiste à débiter d'abord le compte banque et à créditer ensuite le compte client. On débite un compte par le crédit d'un autre compte, dans cet ordre et non l'inverse.

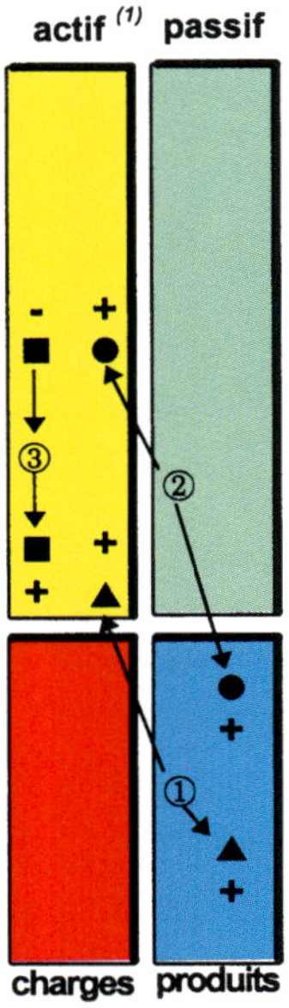

numéro du compte (ici limité au seul chiffre de la classe comptable)

7 ventes

	date		débit	crédit
①	15-01	vente comptant à Durand		▲
②	20-01	vente à crédit à Dupont		●
③				

4 clients

	date		débit	crédit
①				
②	20-01	créance sur client Dupont	●	
③	30-01	règlement de Dupont par chèque		■

5 banque

	date		débit	crédit
①				
②				
③	30-01	remise en banque du chèque de Dupont	■	

5 caisse

	date		débit	crédit
①	15-01	paiement de Durand en espèces	▲	
②				
③				

(1) Ce schéma sera étudié plus tard. Ne pas trop s'en occuper mais il faudra revenir sur ce schéma après l'étude de la troisième partie.

5 *L'ORGANISATION COMPTABLE*

Les services comptables reçoivent les **documents de base**, tels que les factures envoyées aux clients, les factures reçues des fournisseurs, les feuilles de paye, etc.

Tous ces documents sont enregistrés par ordre chronologique au **journal**.

Bien entendu, dans une organisation complexe et dans les entreprises qui procèdent à des milliers, sinon même à des millions d'opérations par jour, ce journal est divisé en un certain nombre de journaux auxiliaires, par catégories et par spécialités.

Les inscriptions portées au journal sont reportées au **grand livre** qui n'est en fait que la **liste des comptes** classés par catégories suivant leur nature : achats, ventes, immobilisations, stocks, etc. Le grand livre enregistre les débits et les crédits de chacun des comptes. Pour chaque compte, à la fin d'une période, la différence entre le total des débits et le total des crédits indique le solde débiteur ou créditeur.

Les trois éléments : total des débits, total des crédits et soldes du grand livre sont retranscrits et totalisés dans les **balances**. C'est à partir de la balance après les écritures d'inventaire[(1)] que l'on constitue le compte de résultat et le bilan.

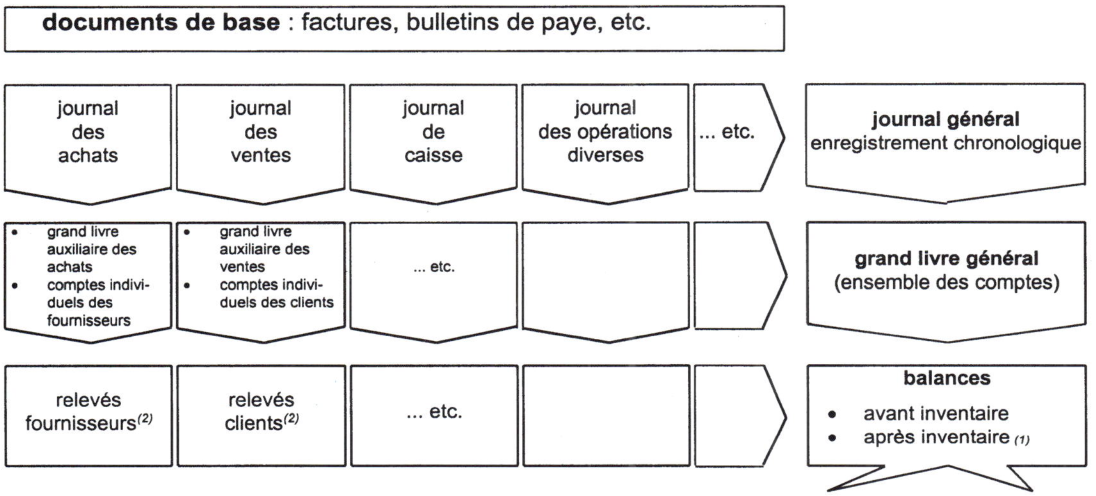

L'ensemble de ces opérations était tenu à la main jusqu'à une époque encore récente. Ces opérations sont informatisées dans pratiquement toutes les entreprises.

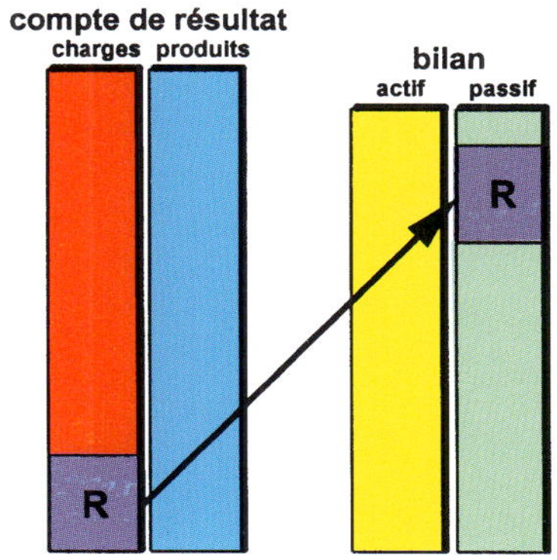

(1) Par inventaire, il faut comprendre toutes les écritures de régularisation qui doivent être faites à la clôture de chaque exercice.

(2) Appelés parfois à tort « balances fournisseurs » ou « balances clients ».

6 LE JOURNAL

La tenue du journal consiste à enregistrer chronologiquement l'ensemble des opérations comptables.

Chaque mouvement fait l'objet d'un double enregistrement :

- l'un constatant l'entrée de valeurs dans un compte,
- l'autre, la sortie de ces mêmes valeurs d'un autre compte.

La présentation du journal n'est pas strictement normalisée et différentes formes peuvent être adoptées. Les journaux généraux et les journaux auxiliaires sont informatisés.

Les indications portées sur le schéma doivent toujours apparaître. Ces indications sont les suivantes :

- le **repère** ou le code permettant de retrouver le document d'origine,
- la **date** de l'opération,
- le **numéro du compte** débité et son intitulé,
- le **montant** du débit,
- le **numéro du compte** crédité et son intitulé,
- le **montant du crédit**.

Le journal doit permettre de retrouver les documents d'origine, d'apporter la **preuve juridique** d'une transaction. C'est la raison pour laquelle en face de chaque ligne du journal, il est utile d'inscrire un repère permettant de retrouver facilement la pièce comptable justifiant l'opération effectuée.

A tout moment, le montant des débits est égal au montant des crédits.

Parfois, on passe plusieurs débits pour un seul crédit ou l'inverse.

Il existe dans les entreprises importantes plusieurs journaux spécialisés par catégories de comptes ou par unités de gestion.

Les opérations doivent être enregistrées chronologiquement. Si une erreur doit être redressée, on ne peut supprimer une écriture mais en ajouter une de sens inverse. Même les erreurs matérielles doivent rester apparentes.

références ou repères [1]	dates	comptes débités		comptes crédités		montant des ...	
		n° de compte	description succincte des comptes et des opérations	n° de compte	description succincte des comptes et des opérations	débits	crédits
					totaux identiques		

(1) *Dans cette colonne, on peut porter n'importe quelle inscription pourvu qu'elle permette de retrouver la pièce justificative, c'est-à-dire la preuve juridique.*

7 LE GRAND LIVRE

Le grand livre représente la totalité des comptes de l'entreprise.

Chaque compte doit porter un numéro dont le premier chiffre est le numéro de sa classe comptable. Chaque compte doit également porter l'intitulé correspondant à la nature des opérations qui y sont enregistrées.

Comme pour le journal, la présentation du grand livre n'est pas strictement normalisée et différents modèles peuvent être adoptées. En fait, il est souvent constitué d'un ensemble de **fiches comptables** ou d'états de sorties informatiques.

Le grand livre n'est qu'une reprise des éléments portés au journal. Ces éléments qui ont fait normalement l'objet d'un débit ou d'un crédit, comportent toutes les indications nécessaires au tri des informations. Dès lors, le grand livre paraîtra sous la forme de simples états de sorties informatiques.

Chaque compte comporte une colonne débit et une colonne crédit : parfois, il y est ajouté une troisième colonne et une quatrième colonne pour faire apparaître les soldes.

La première opération à l'ouverture d'un compte en début de période consiste à reporter soit au débit le solde débiteur de la période antérieure soit au crédit le solde créditeur de la période antérieure. Si à la fin de l'exercice précédent, on avait un solde débiteur de 1 200 Francs en caisse, le premier jour de la période suivante, on écrira au report le solde débiteur antérieur de 1 200 Francs dans la colonne débit.

Ensuite, on enregistre les opérations d'entrées de valeurs et de sorties de valeurs, c'est-à-dire les débits et les crédits successifs.

A la fin de la période, on totalise les débits et les crédits qui peuvent être des montants identiques ou non suivant que le compte est soldé ou non.

Si les totaux ne sont pas identiques, on calcule par simple soustraction le solde soit créditeur, soit débiteur. Le solde débiteur est porté dans la colonne crédit et le solde créditeur est porté dans la colonne débit, ou dans les colonnes prévues à cet effet.

Après cette opération, on effectue les totaux des deux colonnes, totaux qui obligatoirement doivent être identiques et qui constituent un contrôle essentiel. On doit conserver en mémoire trois chiffres :

- le total des **débits** avant calcul des soldes,
- le total des **crédits** avant calcul des soldes,
- le montant du **solde débiteur** ou du **solde créditeur**.

Ces trois chiffres sont repris sur un autre document que l'on appelle **la balance**.

Comme le journal, le grand livre est subdivisé en **grands livres auxiliaires** soit par unités, soit par départements, soit par catégories d'opérations, étant donné qu'il est impensable qu'un seul comptable puisse tenir tous les comptes d'une entreprise dès que celle-ci devient quelque peu importante.

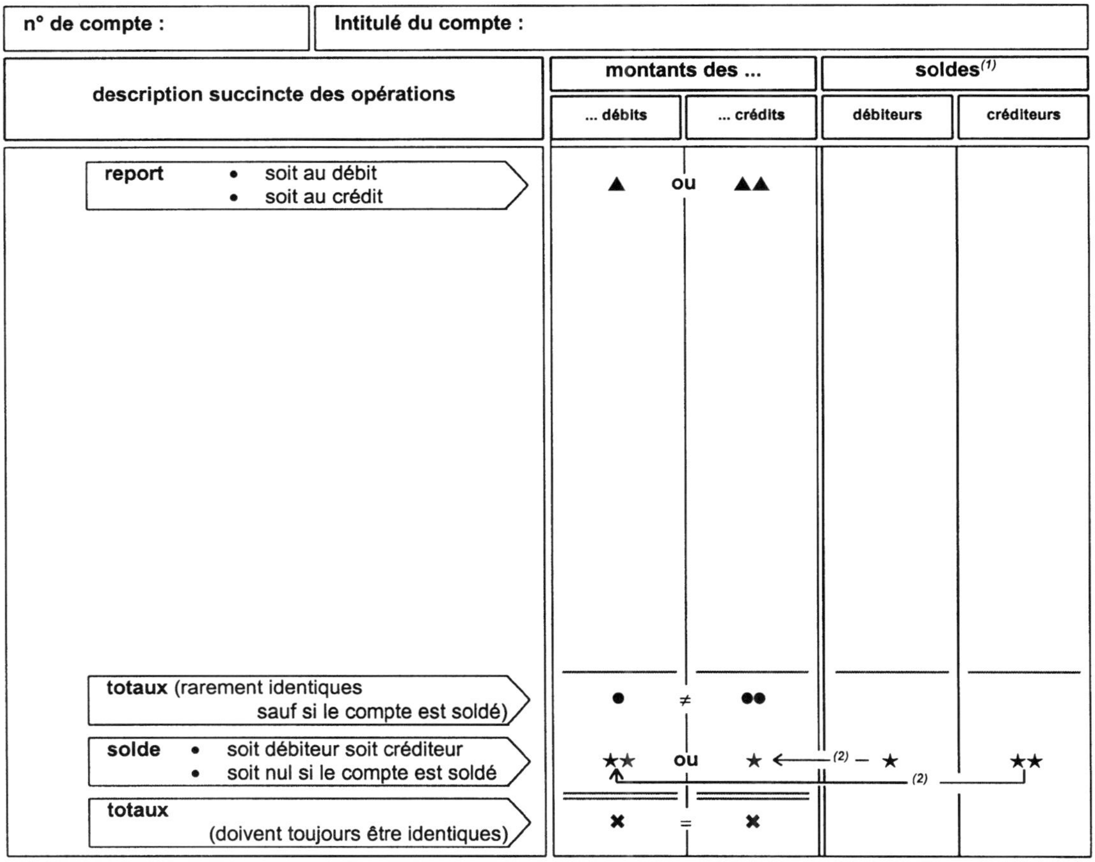

(1) *Cette colonne peut ne pas exister ; elle permet de faire ressortir les soldes soit après chaque opération, soit en fin de période (semaine, mois, trimestre ou exercice). Cette présentation peut faciliter les contrôles.*

(2) *Report des soldes en fin de période.*

8 LA BALANCE

La balance est établie en fin de période et consiste à reprendre sur un seul document trois montants sur chaque compte ou groupe de comptes du grand livre : total des débits, total des crédits et les soldes, classés par comptes de bilan et comptes des opérations d'exploitation, financières et exceptionnelles de la façon suivante :

- l'intitulé de chaque compte et son numéro sont reportés sur la balance,
- on y reporte les montants des crédits et des débits correspondant à ces comptes,
- on reporte soit dans la colonne solde débiteur, soit dans la colonne solde créditeur les montants que l'on a déterminé sur chacun des comptes du grand livre.

L'établissement de la balance se fait en deux temps : avant et après inventaire. De ces informations, on tire le compte de résultat et le bilan, puisque le bilan représente le solde de tous les comptes de l'entreprise à une date donnée.

Grâce à ce document, deux contrôles sont possibles et nécessaires :

- premièrement, le **total des débits doit être égal au total des crédits** et être conforme aux colonnes débit et crédit du journal,
- deuxièmement, le **total des soldes débiteurs doit être égal au total des soldes créditeurs**.

Comme pour les autres documents, la présentation de la balance n'est pas strictement normalisée mais il ne doit exister au niveau de l'entreprise qu'une seule balance générale.

Dans la mesure où l'ensemble des informations a fait l'objet d'un traitement par l'informatique, l'ordinateur peut sortir automatiquement, tout au moins en théorie, les balances puisque aucune information nouvelle n'est nécessaire pour constituer ce document qui ne fait que reprendre les informations antérieures, en particulier celles portées sur le grand livre, informations qui, normalement, sont dans la mémoire de l'ordinateur.
Cependant, certaines opérations d'inventaire, de provisions ou d'amortissements peuvent nécessiter l'intervention de cervelles humaines !

Si le bilan indique des situations et le compte de résultat des cumuls, il est indispensable d'avoir une notion des flux réels quand on procède à une analyse financière. **La balance générale constitue une source d'informations intéressantes**. Pour déterminer les flux réels de la période, il faut en éliminer les opérations de report de début de période.

Les balances adoptées par les entreprises françaises permettent de procéder à un début d'analyse économique sans être limitées à la simple vérification comptable. En effet, elles font ressortir **les flux internes et les flux externes réels de la période**.

LA BALANCE (principe simplifié)

n° de compte	intitulé des comptes	débits	crédits	soldes débiteurs emplois	soldes créditeurs ressources
	• comptes de bilan				
	• comptes de l'exploitation[1]				
	totaux identiques	★	★		
	totaux identiques : emplois = ressources			■	■

(1) Y compris opérations financières et exceptionnelles.

BALANCE EXPRIMEE EN FLUX

n° de compte	Intitulé des comptes	soldes en début de période		mouvement de la période				soldes en fin de période	
				flux internes		flux externes			
		débiteurs	créditeurs	débits	crédits	débits	crédits	débiteurs	créditeurs
	comptes de bilan								
	• capitaux								
	• valeurs immobilisées								
	• stocks								
	• tiers								
	• financiers								
	comptes du compte de résultat								
	• **exploitation**								
	charges								
	produits								
	• **opérations financières**								
	charges								
	produits								
	• **opérations exceptionnelles**								
	charges								
	produits								

totaux identiques

totaux identiques

totaux identiques

totaux identiques : EMPLOIS = RESSOURCES

3

Exploitation
Bilan
Trésorerie

Cette partie définit les concepts principaux de la comptabilité, leur liaison et leur cohérence.

Ce n'est pas parce qu'il y a de l'argent dans la caisse qu'il faille faire la fête et ce n'est pas parce qu'il n'y a plus un sou dans le tiroir caisse de l'entreprise que ses résultats (sa santé) soient mauvais.

Dans cette partie (... et dans les suivantes), on ne cessera de répéter qu'il ne faut pas confondre l'argent disponible et les résultats, les flux économiques et les flux monétaires, l'exploitation et la trésorerie, la santé et l'oxygène, la vitesse et le carburant.

1 DEFINITION SOMMAIRE DU COMPTE DE RESULTAT

En toute première approximation, le compte de résultat se présente de la façon suivante :

- à droite, les productions enregistrées au cours de la période,
- à gauche, les consommations enregistrées au cours de la même période et qui comprennent,
  - ↪ d'une part, les consommations courantes de la période,
  - ↪ d'autre part, la consommation des moyens de production au cours de la période (c'est-à-dire, en fait, la valeur de l'usure des moyens).

Le compte de résultat limité aux opérations d'exploitation courante représente le cumul des productions et des consommations relatives à la vocation, au « métier » de l'entreprise au cours d'une période[(1)].

Dans la pratique, les productions ne sont jamais égales aux consommations. Il y a toujours un déséquilibre plus ou moins important entre ces deux termes. C'est la notion de **résultat** que les comptables font apparaître du côté où l'on ne s'y attend pas !

Si les productions sont supérieures aux consommations, le résultat de la période est bénéficiaire ; si les consommations sont supérieures aux productions, le résultat de la période est déficitaire.

(1) En réalité, le compte de résultat comporte trois types d'opérations :
- *opérations d'exploitation courante,*
- *opérations financières*
- *opérations exceptionnelles.*

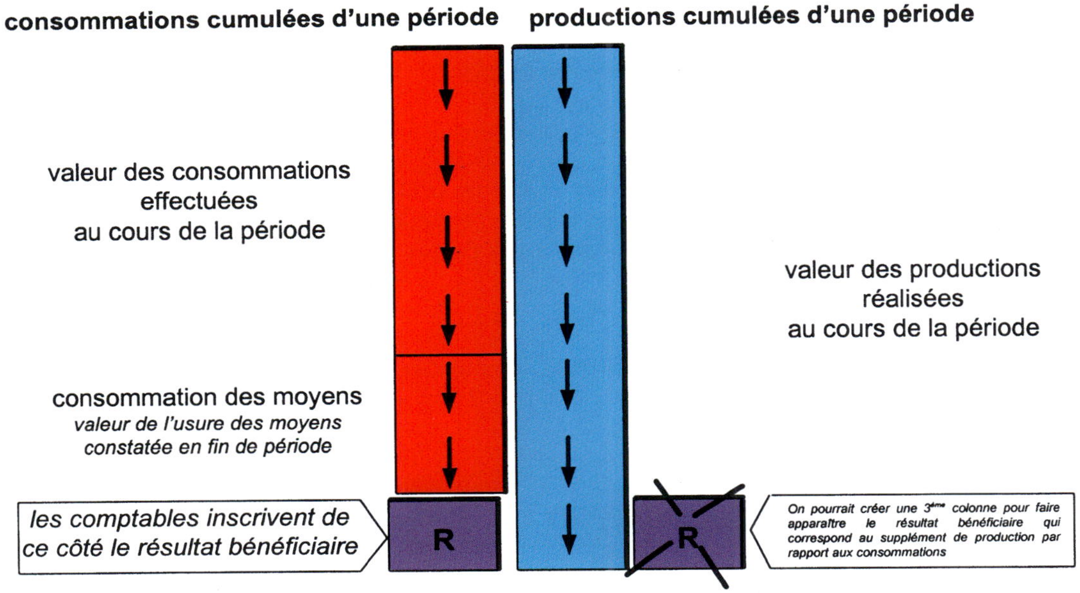
consommations cumulées d'une période
productions cumulées d'une période
valeur des consommations effectuées au cours de la période
valeur des productions réalisées au cours de la période
consommation des moyens
valeur de l'usure des moyens constatée en fin de période
les comptables inscrivent de ce côté le résultat bénéficiaire
R
R
On pourrait créer une 3ème colonne pour faire apparaître le résultat bénéficiaire qui correspond au supplément de production par rapport aux consommations

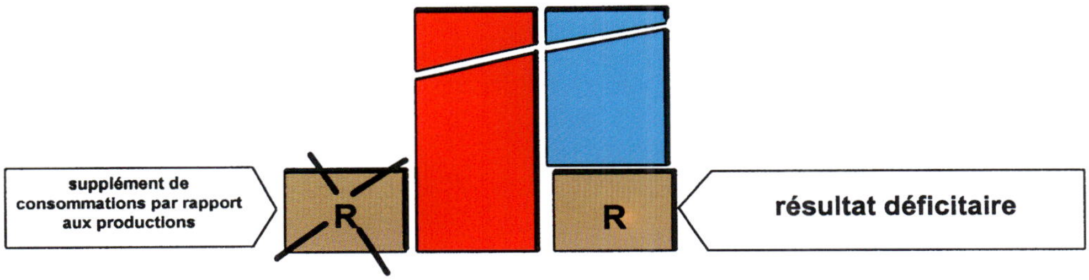
supplément de consommations par rapport aux productions
R
R
résultat déficitaire

2 DEFINITION SOMMAIRE DU BILAN

On peut définir le bilan, en toute première approximation :

- comme représentant, à droite, l'**ensemble des obligations** de l'entreprise vis-à-vis des tiers et comprenant :
  - ↳ l'**origine et la situation des fonds en provenance des propriétaires** dont la personnalité est distincte de celle de l'entreprise[1],
  - ↳ l'**origine et la situation des fonds prêtés** par d'autres personnalités que les propriétaires[2] ;

- comme représentant à gauche :
  - ↳ la **situation des moyens, des biens et des droits** de l'entreprise, exprimée en unités monétaires.

Autrement dit, le bilan indique à une date précise :

- à droite : la **situation des ressources** financières dont dispose le gestionnaire,

- à gauche : la **situation des emplois** qu'il en a fait.

Le bilan n'indique pas les emplois et les ressources mais la **situation** des emplois et des ressources ; cette précision des termes est particulièrement importante pour éviter des confusions entre le bilan et le tableau de financement.

(1) même dans les entreprises individuelles. Dans les sociétés anonymes, les propriétaires sont des actionnaires et dans les sociétés à responsabilité limitée, ils sont désignés sous le terme de porteurs de parts.
(2) Les « propriétaires » peuvent agir comme des tiers externes par les comptes courants d'associés.

le bilan est l'inventaire à une date précise ...	• des biens • des moyens économiques • des droits • des emplois	• des dettes • des moyens financiers • des obligations • des ressources

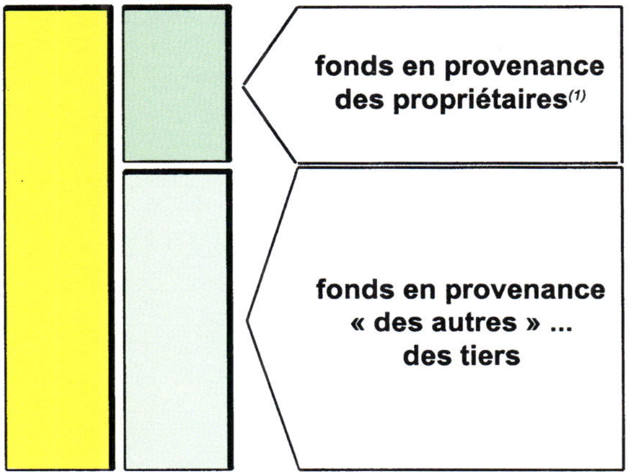

le bilan est la situation à une date précise ...	... des biens que le gestionnaire utilise au mieux avec les fonds mis à sa disposition	... des ressources financières dont dispose le gestionnaire

(1) Que l'entreprise soit privée ou nationale ou nationalisée ou mixte, il y a toujours un propriétaire. Dans le cas d'entreprises nationales, certains disent que l'Etat en est propriétaire, d'autres disent que c'est la Nation ... ou le contribuable (!), question de langage qui ne supprime en rien la notion de propriété.
Par contre, dans le cas d'associations, la notion de propriété est fort différente bien que les principes soient identiques (en gros) à ceux des entreprises.

3 LE BILAN, MESURE OU RISQUE DE L'ENTREPRISE

Le bilan indique à droite l'origine des capitaux. Les **fournisseurs de capitaux** n'acceptent pas tous de prendre les mêmes risques. Il faut, en principe, que les emplois soient adaptés au **niveau de risque** accepté par ces fournisseurs de fonds (propriétaires, actionnaires, banques, fournisseurs, etc.).

Il y a une séparation nette entre les **fournisseurs de capitaux qui acceptent et ceux qui n'acceptent pas de risques**. Par contre, à gauche, les risques que comportent les emplois sont très dilués.

A droite, les fournisseurs de capitaux n'acceptent pas les risques, tandis que, à gauche, il y a toujours des risques, si faibles soient-ils, dans le bas du bilan, car même l'argent du coffre-fort peut brûler ou être volé.

Les risques démontrés par le bilan ne sont pas analysés de la même façon par ce qu'il est convenu d'appeler « les partenaires de l'entreprise » :

- le juriste s'intéresse à la solidité et à la composition du patrimoine,
- le banquier analyse et contrôle les risques financiers,
- l'économiste vérifie les risques économiques des biens, à gauche,
- le personnel s'intéresse à la solidité des investissements, ce qui ne garantit pas toujours la sécurité de l'emploi,
- le commissaire aux comptes contrôle la vérité et la sincérité des chiffres.

A une date précise, le bilan représente la situation des risques de l'entreprise.

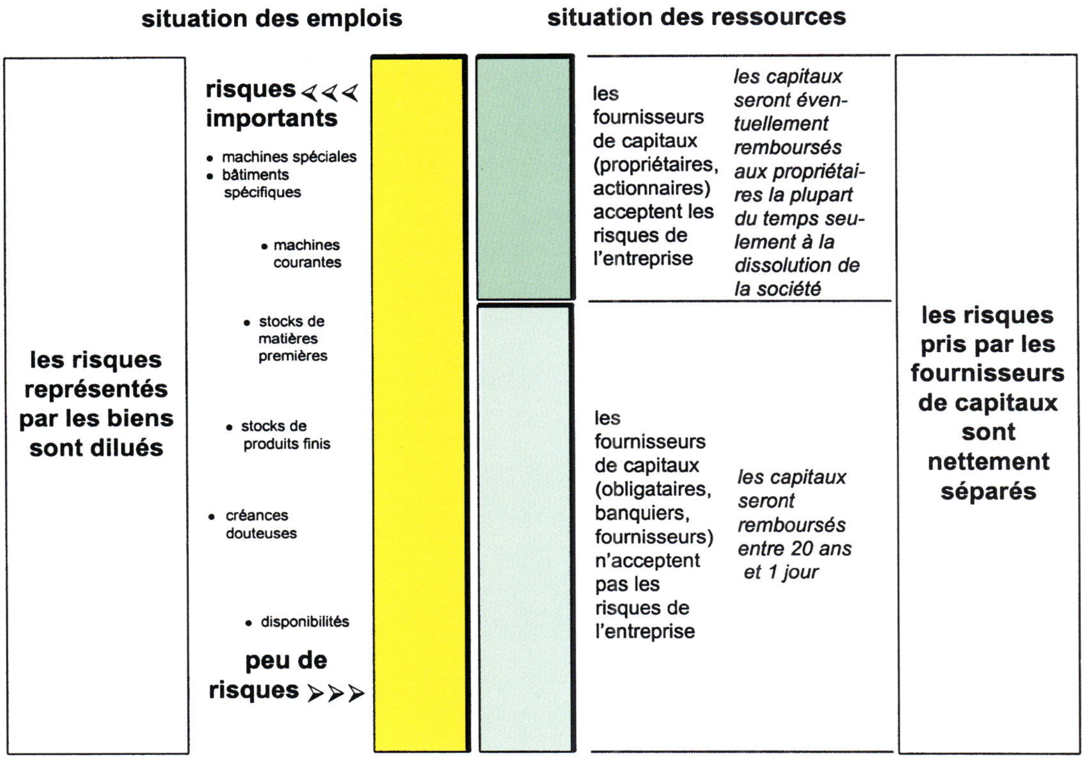
situation des emplois
situation des ressources
les risques représentés par les biens sont dilués
risques importants
• machines spéciales
• bâtiments spécifiques
• machines courantes
• stocks de matières premières
• stocks de produits finis
• créances douteuses
• disponibilités
peu de risques
les fournisseurs de capitaux (propriétaires, actionnaires) acceptent les risques de l'entreprise
les capitaux seront éventuellement remboursés aux propriétaires la plupart du temps seulement à la dissolution de la société
les fournisseurs de capitaux (obligataires, banquiers, fournisseurs) n'acceptent pas les risques de l'entreprise
les capitaux seront remboursés entre 20 ans et 1 jour
les risques pris par les fournisseurs de capitaux sont nettement séparés

Le bilan est composé d'un certain nombre de postes qui représentent la photo instantanée des différents comptes desquels il est sorti et dans lesquels il est entré en permanence des valeurs pendant la période précédant la date du bilan.

Ces différents postes évoluent **lentement dans le haut et ultra-rapidement dans le bas**. On peut considérer que le bilan permet - en partie - d'évaluer les risques de l'entreprise à un instant précis.
Dans le haut, les risques sont dus à l'importance et à l'**irréversibilité** des décisions.
Dans le bas, les risques sont dus à la rapidité, à la fréquence et à la **multitude** des décisions.

C'est souvent par le bas du bilan que l'entreprise risque la cessation de paiement, et de là, la liquidation des biens. C'est dire l'importance que représente le contrôle de ces postes pour le gestionnaire.

AU BILAN, LES VALEURS ENTRENT ET SORTENT ...

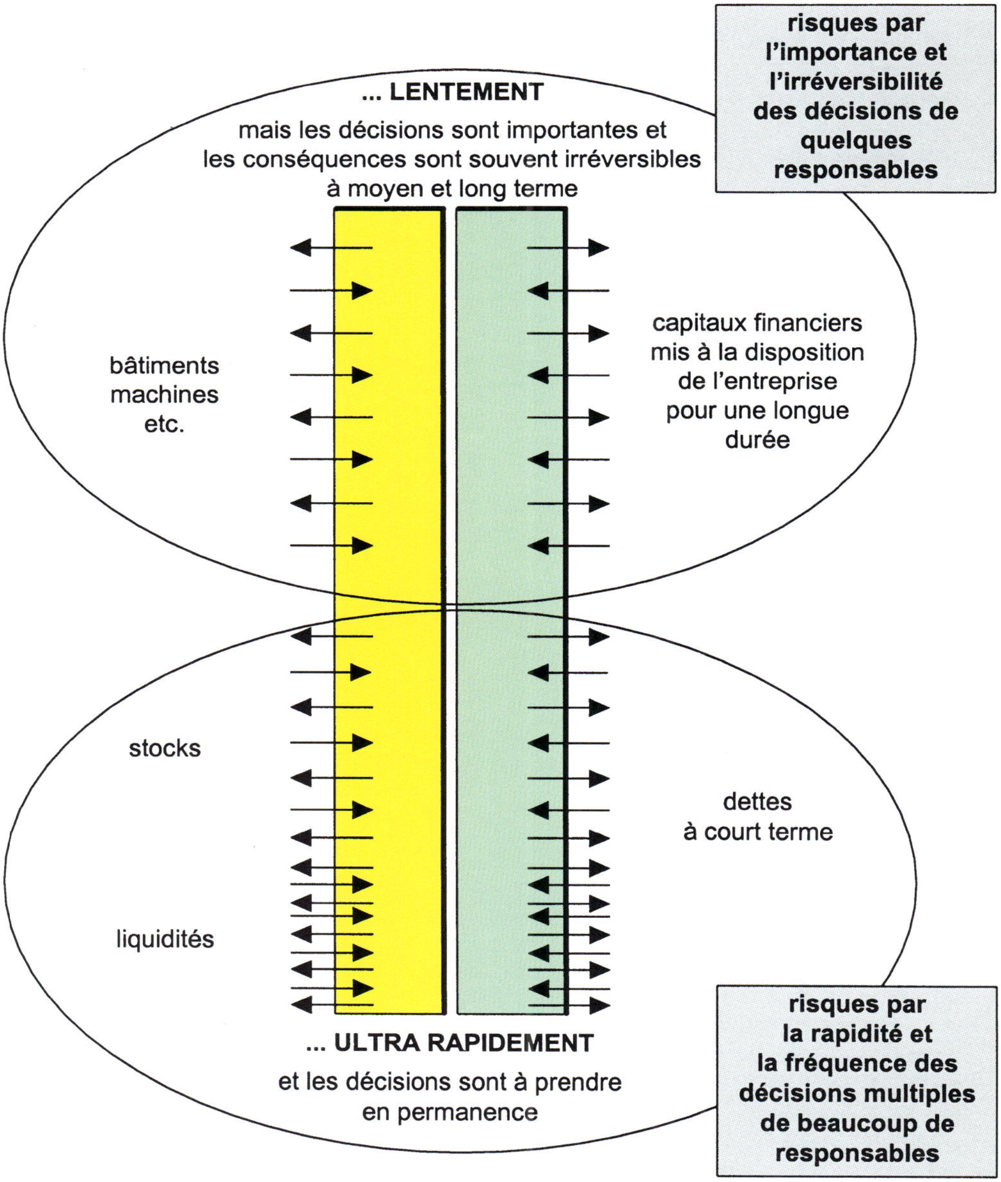

4 LES RELATIONS ENTRE LE BILAN, L'EXPLOITATION ET LA TRESORERIE

Le compte de résultat (l'exploitation) sert à constater, à regrouper et à cumuler les consommations et les productions d'une période. Les consommations donnent lieu à des sorties de francs et les productions donnent lieu à des entrées de francs. Mais - et ceci est essentiel - **l'échange consommation / monnaie et production / monnaie ne se fait pas toujours simultanément** : les achats et les ventes peuvent, par exemple, se faire à **crédit**.

Ce qui est acheté mais ce qui ne sera consommé qu'en plusieurs années (comme les machines), fait l'objet d'un enregistrement au bilan mais pas tout de suite en exploitation. Ces achats représentent les investissements qui ont donné lieu, donnent lieu ou donneront lieu à des sorties de monnaie.

Les emprunts - ou les apports de capitaux - ne représentent ni une production ni une consommation, mais une ressource donnant lieu à des entrées monétaires. Ce sont des opérations de bilan.

Les mouvements de liquidités ont donc pour causes, pour faits générateurs, des opérations engendrées **soit par les opérations de consommation et de production** (exploitation) **soit par des opérations de ressources et d'emplois de capitaux** (bilan). C'est ainsi qu'une entreprise qui subit des pertes d'exploitation a cependant des disponibilités car, malgré ses opérations d'exploitation malheureuses, elle a pu procéder à des apports de capitaux ou à des emprunts, vendre dans des conditions avantageuses un terrain, des immeubles ou du matériel ou bien ... elle a pu recevoir des subventions.

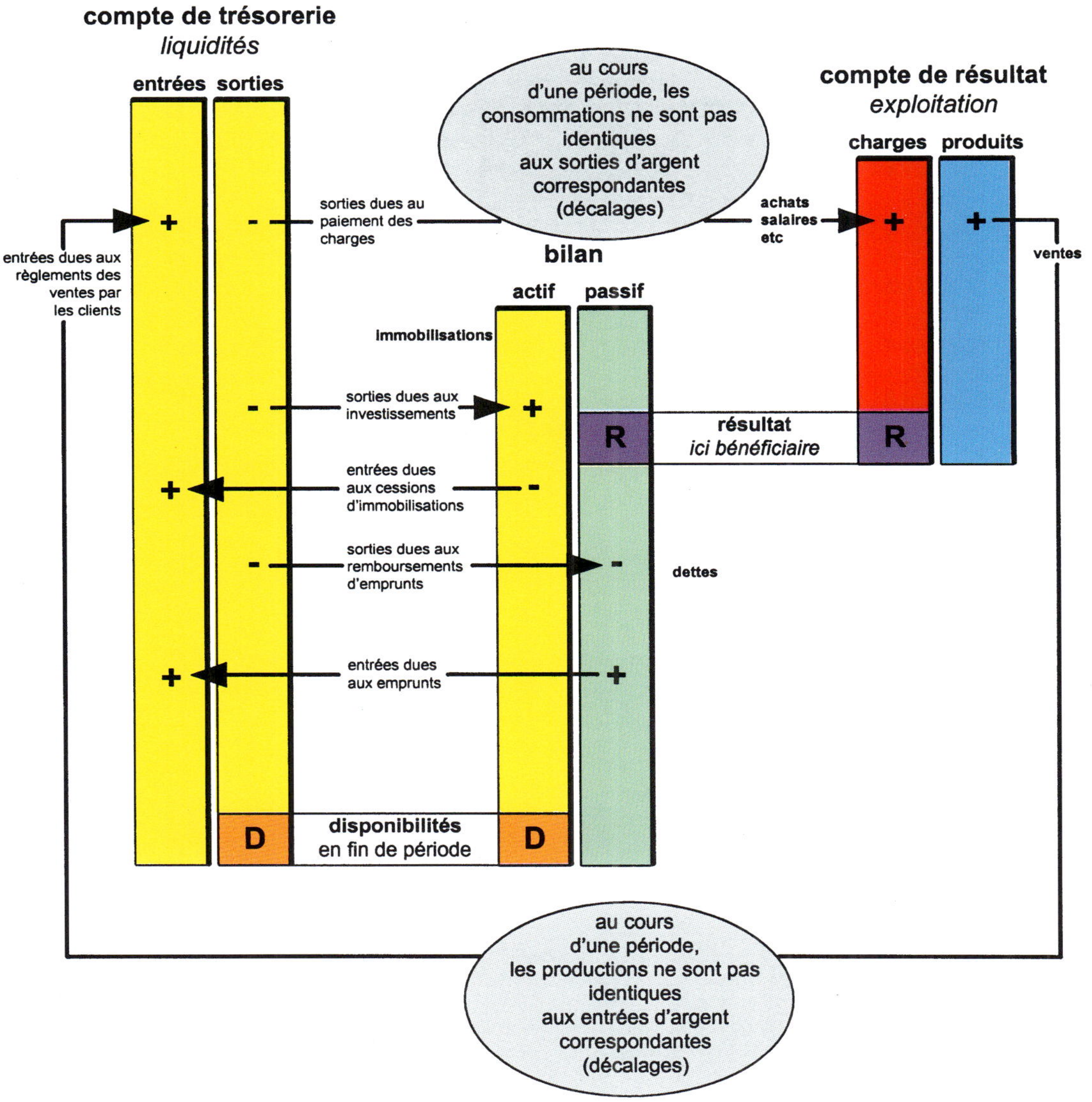
compte de trésorerie
liquidités
entrées
sorties
au cours
d'une période, les
consommations ne sont pas
identiques
aux sorties d'argent
correspondantes
(décalages)
compte de résultat
exploitation
charges
produits
sorties dues au
paiement des
charges
achats
salaires
etc
entrées dues aux
règlements des
ventes par
les clients
ventes
bilan
actif
passif
immobilisations
sorties dues aux
investissements
résultat
ici bénéficiaire
R
R
entrées dues
aux cessions
d'immobilisations
sorties dues aux
remboursements
d'emprunts
dettes
entrées dues
aux emprunts
D
disponibilités
en fin de période
D
au cours
d'une période,
les productions ne sont pas
identiques
aux entrées d'argent
correspondantes
(décalages)

5 *LA TRESORERIE D'EXPLOITATION*

Les entrées et les sorties d'argent dues aux opérations d'exploitation, c'est le sang de l'entreprise. La panne de liquidités, c'est l'infarctus, l'arrêt du cœur.

Les entrées et les sorties d'argent dues aux opérations de bilan, c'est l'huile du moteur d'une voiture. Le manque d'huile entraîne le coulage des bielles.

Quelle que soit la puissance de la voiture ou la santé du corps, le manque de liquidités, c'est la cessation de paiement à plus ou moins longue échéance, ce qui peut entraîner la liquidation des biens et la mort de l'entreprise.

Les liquidités sont **un fluide** au même titre que l'air comprimé, l'eau ou l'électricité. L'importance de leur consommation n'indique pas la santé de l'entreprise, mais l'entreprise ne peut vivre sans ces fluides.

Le schéma ci-contre ne prend pas en compte le décalage entre les opérations d'exploitation et leur paiement et, de plus, il reste limité aux opérations d'exploitation.

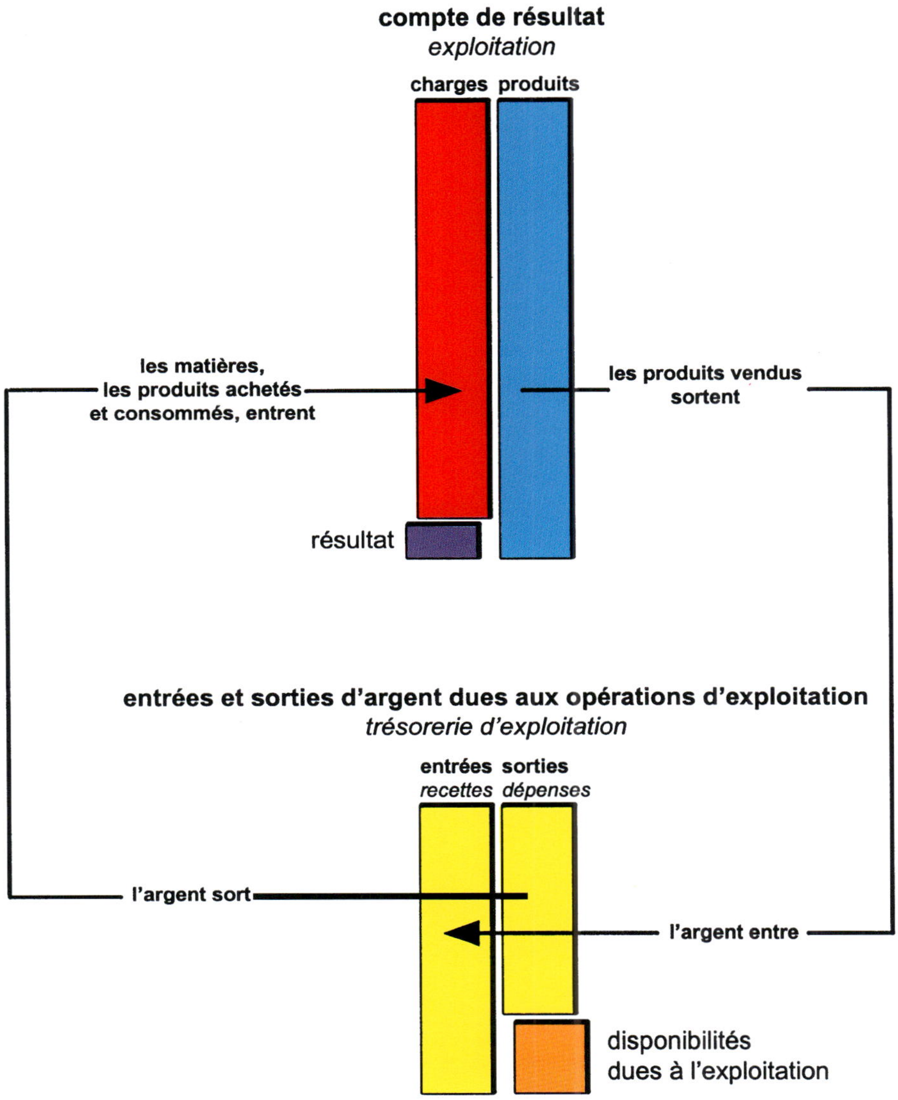
compte de résultat
exploitation
charges
produits
les matières,
les produits achetés
et consommés, entrent
les produits vendus
sortent
résultat
entrées et sorties d'argent dues aux opérations d'exploitation
trésorerie d'exploitation
entrées
recettes
sorties
dépenses
l'argent sort
l'argent entre
disponibilités
dues à l'exploitation

6 LES LIAISONS BILAN - COMPTE DE RESULTAT - TRESORERIE

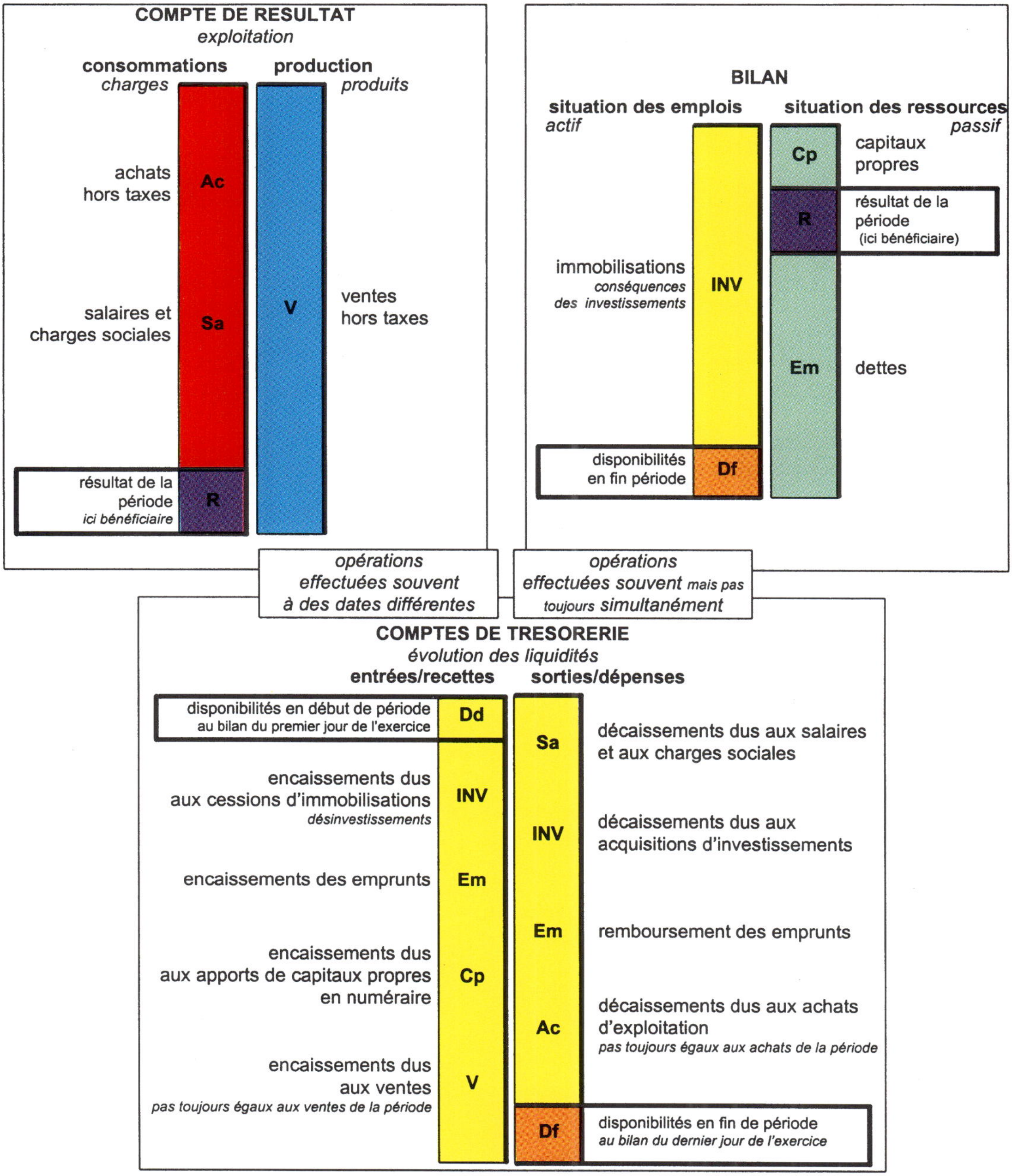

NOTA : cette page représente un schéma de principe. Il est limité à quelques exemples ; il est évident que l'actif n'est pas limité à deux postes et que les consommations ne se limitent pas aux achats et aux salaires.

7 LE MECANISME COMPTABLE DU COMPTE DE RESULTAT

Le compte de résultat reprend en fin de période **les soldes des comptes de consommation** (ou comptes de charges) **et des comptes de productions** (ou comptes de produits). Ce mécanisme est nécessaire car il serait impensable d'enregistrer toutes les opérations d'exploitation directement au compte de résultat.

Le solde de ces comptes est indiqué par la balance.

Profitons de ce schéma pour bien distinguer, par quelques exemples, ce que l'on appelle les comptes de bilan et les comptes de l'exploitation.

Les achats de matières premières représentant une consommation ou tout au moins une intention de consommation au cours de la période, sont inscrits en charges d'exploitation.

Une acquisition (un achat) **de bien d'équipement** ou d'une immobilisation est enregistrée dans un compte de bilan car ce bien ne se *consommera* par usure que sur plusieurs périodes.

Les ventes - représentant la production vendue - sont enregistrées dans un compte de production, c'est-à-dire en produits d'exploitation (il s'agit, en fait, du chiffre d'affaires).

Les emprunts représentent une ressource et non une production ; ils sont donc enregistrés dans un compte de bilan.

On pourrait multiplier de tels exemples. En fait, à chaque opération comptable, il est nécessaire de réfléchir à moins d'être un spécialiste de la comptabilité.

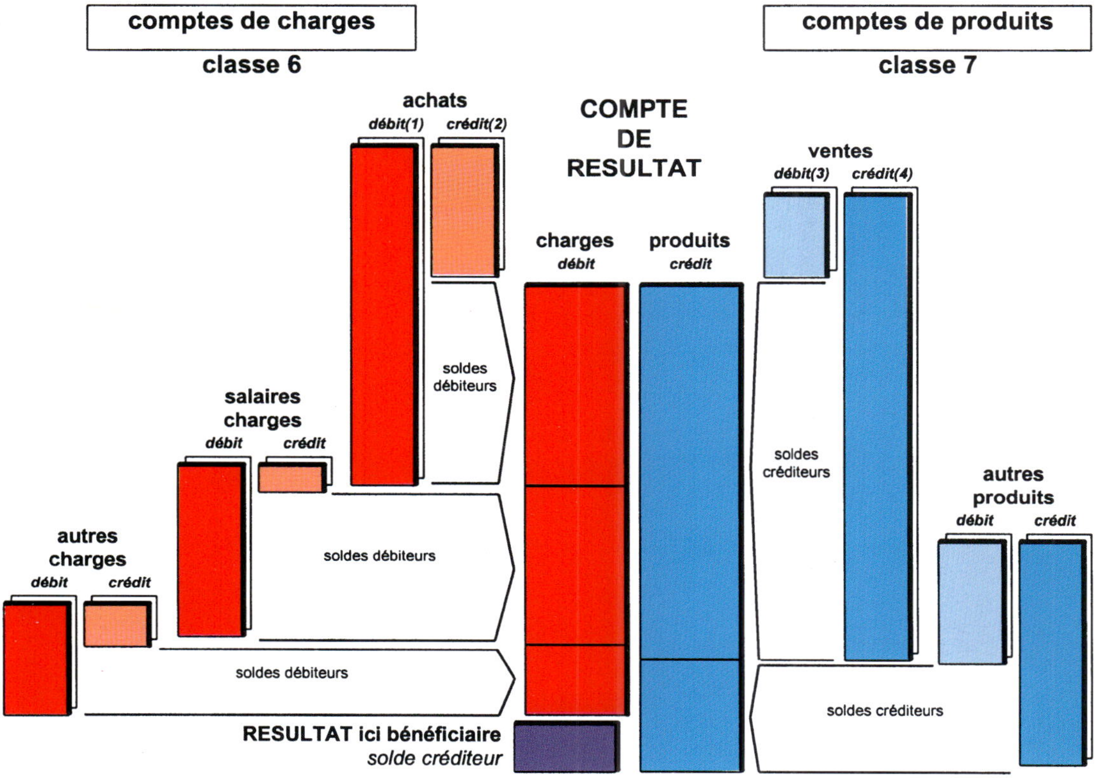

(1) Entrées de marchandises (achats).
(2) Retours de marchandises aux fournisseurs.
(3) Retours de marchandises de chez les clients.
(4) Sorties de marchandises (ventes).

8 LE MECANISME COMPTABLE DU BILAN

Le bilan représente la **situation des biens et des dettes de l'entreprise à une date précise**. On peut en déduire que le bilan représente la différence entre les entrées et les sorties de valeurs de chacun des comptes au moment où l'on prend la photo comptable en fin de période.

En début de période, chacun des comptes reprend les soldes précédents soit au débit pour les soldes débiteurs, soit au crédit pour les soldes créditeurs.

Les soldes débiteurs de chacun des comptes en fin de période représentent les postes d'actif et les soldes créditeurs de chacun des comptes en fin de période représentent les postes de passif, étant entendu que le solde du compte de résultat apparaît également au bilan dans les capitaux propres.

La balance indique les soldes des comptes de l'entreprise en fin de période et le bilan n'est qu'une visualisation - un modèle - facilitant la présentation.

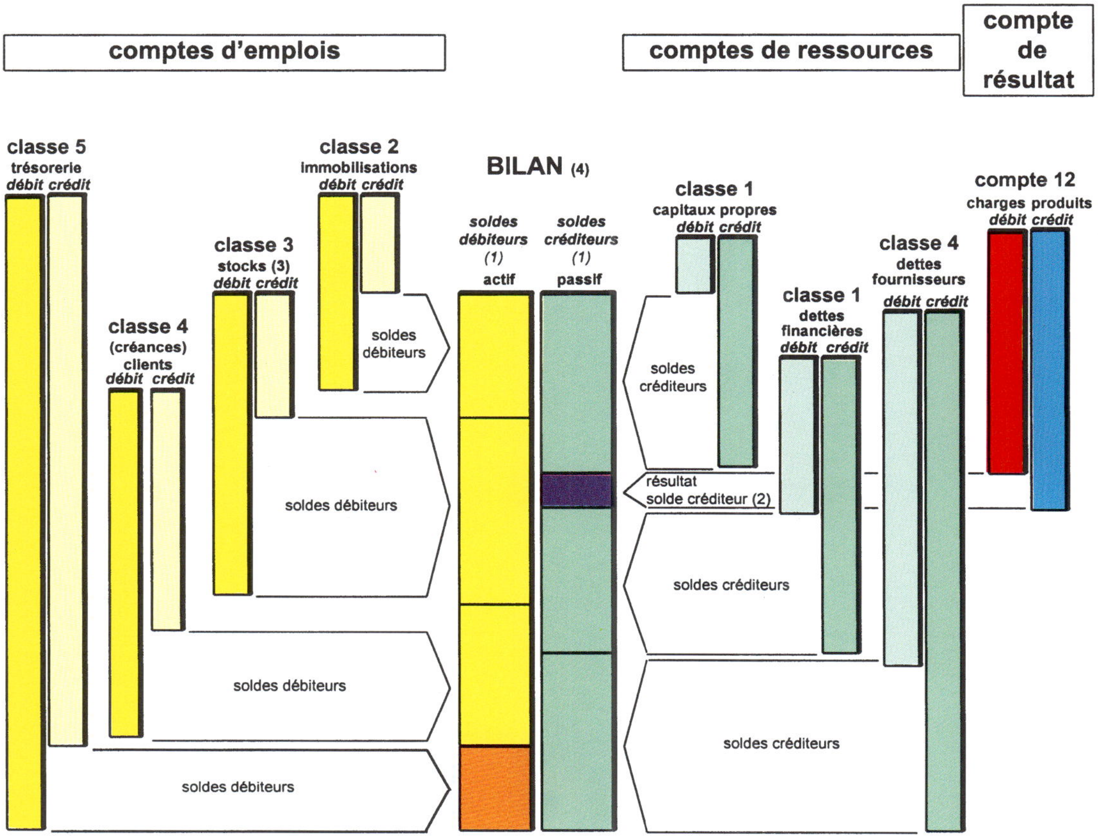

(1) *La règle comptable : soldes créditeurs au passif, soldes débiteurs à l'actif, ne supporte aucune exception.*
Il en faut pas confondre la logique et les règles comptables d'une part, avec la présentation des documents de synthèse faite par les financiers et les gestionnaires d'autre part. En effet, ces derniers font apparaître parfois des soldes créditeurs en moins du côté de l'actif (les amortissements) et des soldes débiteurs en moins du côté du passif (report à nouveau déficitaire).

(2) *Solde créditeur : résultat bénéficiaire, au passif avec le signe +. Si le solde était débiteur, résultat déficitaire, il serait inscrit également au passif mais avec le signe -.*

(3) *En comptabilité générale, les stocks au bilan sont « mouvementés » une fois en fin de période (débit, entrées au bilan) et une fois en début de période (crédit, sorties du bilan).*

(4) *Le bilan n'est pas un compte (il n'a ni débits ni crédits) mais un « modèle » indiquant le solde des comptes en fin de période (situation bilan) ou en fin d'exercice (bilan).*
Cependant, les puristes estiment que le bilan est le compte des soldes et c'est la raison pour laquelle le plan comptable a affecté le compte 890 pour le bilan d'ouverture et le compte 891 pour le bilan de clôture.

9 EXEMPLE DE LIAISON ENTRE LE BILAN, L'EXPLOITATION ET LA TRESORERIE

Deux importantes sociétés et une dizaine de personnalités du monde industriel constituent une société anonyme dont l'objet est de produire et de vendre des pièces détachées de motocyclettes. La société est constituée le 1er Janvier 1997 (Société Industrielle de Pièces détachées d'Engins Motorisés).

Constitution de la société

1 La société est constituée au capital de 1 300 KF.

2 Les apports en nature des actionnaires sont les suivants :

terrains	200 KF
constructions	440 KF
machines-outils	340 KF
stocks de matières premières	160 KF

3 Les apports en numéraire effectués par les actionnaires sont de 160 KF.

4 Une des sociétés actionnaires consent une avance de trésorerie de 320 KF à rembourser le 1er Juin 1997.

5 Dès la constitution de la société, une banque d'affaires consent à cette nouvelle entreprise un prêt à moyen terme de 360 KF. (Premier remboursement prévu en 2000).

Le compte de résultat de l'année comporte les éléments suivants :

6 Les achats se sont élevés à 1 200 KF, dont 960 KF ont été payés. Les dettes aux fournisseurs résultant de cet écart sont à payer en Janvier et Février 1998.

7 Les salaires et charges sociales sont de 1 440 KF et ont été intégralement payés dans l'exercice, sauf 60 KF restant dus à la Sécurité Sociale au titre des salaires de Décembre 1997.

8 Les charges diverses de gestion et les charges financières se montent à 380 KF et ont été intégralement payées en 1997.

9 Les ventes ont été de 3 420 KF en 1997. Celles-ci ont été faites presque intégralement au comptant. Cependant, au 31 Décembre, un client doit 240 KF relatifs à une livraison effectuée peu avant la fin de l'année.

10 L'inventaire des stocks au 31 Décembre 1997 donné par la comptabilité analytique se monte à 420 KF comprenant 230 KF de matières premières, 100 KF de travaux en cours et 90 KF de produits finis.

11 Au cours de l'exercice 1997, le gestionnaire constate que la dépréciation des constructions est de 20 KF et que les machines-outils se sont « usées » pour un montant de 100 KF. (L'ensemble représentant les dotations aux amortissements.

Les opérations suivantes ont été enregistrées dans les **comptes de bilan** au cours de l'année 1997 :

12 Des véhicules et du matériel roulant ont été acquis (et payés) pour 300 KF le 15 Décembre 1997[1].

13 Des installations ont été faites par des entreprises diverses pour 420 KF en Décembre 1997, dont 40 KF restent à payer au 31 Décembre 1997 et seront réglés en Mars 1998[1].

14 Le prêt à court terme consenti par l'une des sociétés fondatrices a été remboursé intégralement en 1997.

BILAN D'OUVERTURE
au 1er Janvier 1997

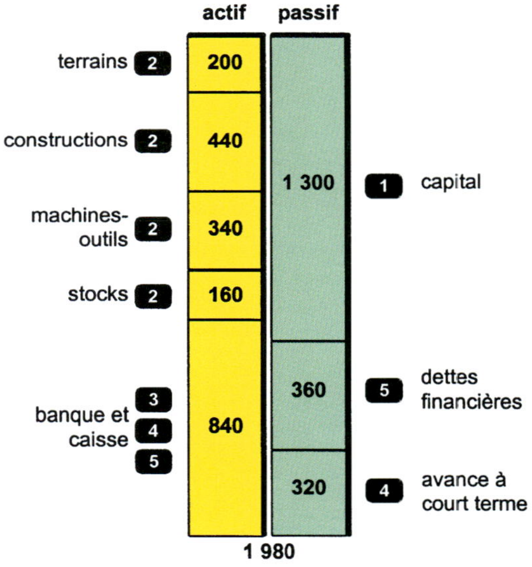

NOTA : les pastilles noires sur les schémas renvoient au texte.

- Tous les chiffres sont exprimés en milliers de francs, KF.
- **Sd** : stock en début de période.
  Sf : stock en fin de période.

(1) Les investissements des postes **12** *et* **13** *ne sont pas amortis au titre de l'exercice 1997 car leur « mise en service » est prévue au 1er Janvier 1998 bien que ces investissements aient été acquis en Décembre 1997.*

COMPTE DE RESULTAT 1997

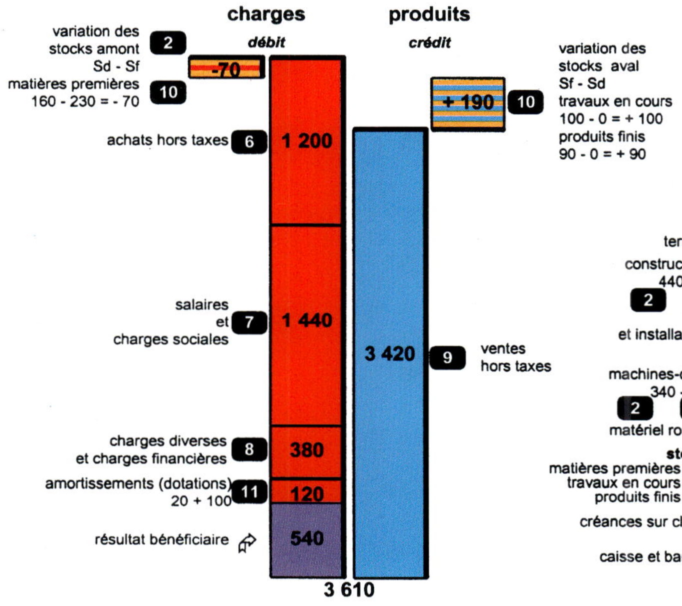

BILAN DE CLÔTURE au 31 Décembre 1997

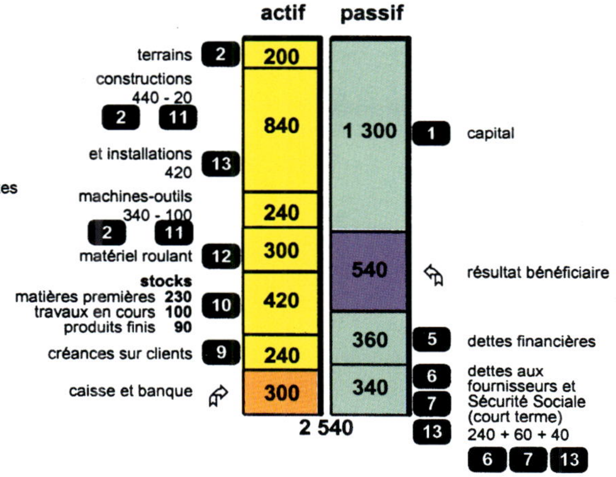

Le mécanisme de l'inscription des variations des stocks au compte de résultat peut sembler difficile à assimiler. Ne pas s'en inquiéter, cette question est développée dans la partie 4 du livre.

COMPTE DE LIQUIDITES 1997

opérations de trésorerie réalisées en 1997

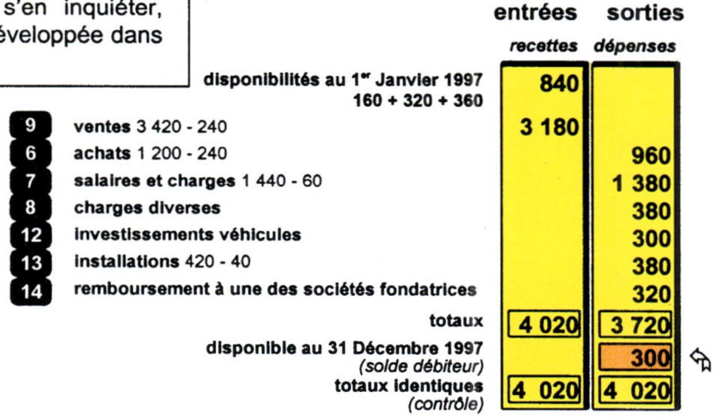

10 LE RESULTAT ET LES DISPONIBILITES

- Le résultat représente l'écart entre les consommations et les productions d'une période.

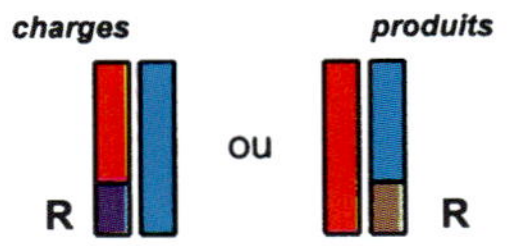

- Les disponibilités en fin de période représentent l'écart entre les entrées[1] et les sorties d'argent de cette période.

Le résultat n'est jamais égal aux disponibilités pour deux raisons

1ère raison

Il y a des décalages de dates entre :

- le moment où l'entreprise produit et le moment où elle reçoit l'argent correspondant à cette production (les clients paient en retard ce qui a été produit avant la vente) .

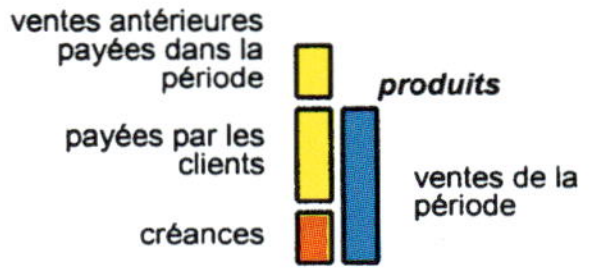

- Le moment où l'entreprise consomme et le moment où elle sort l'argent correspondant à cette consommation (l'entreprise paie souvent ses fournitures bien après les avoir consommées) .

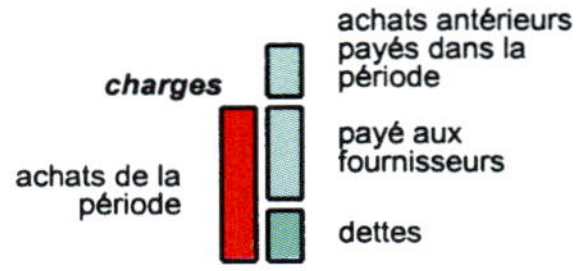

2ème raison

Le résultat a un type de faits générateurs :

ce sont des opérations dues aux charges et aux produits
- d'exploitation courante
- financiers
- exceptionnels

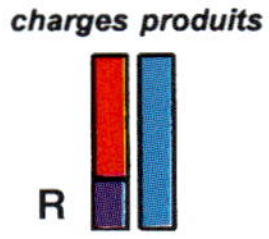

Les disponibilités ont deux types de faits générateurs :

- les opérations dues aux charges et aux produits
- les opérations portant sur certains postes du bilan (investissements, capitaux, emprunt, etc.).

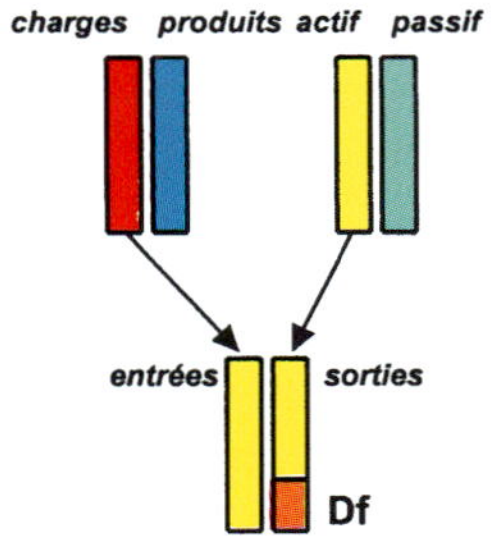

(1) Y compris les disponibilités en début de période.

* *Df = disponibilité en fin de période*
R = résultat de la période

4

Le système comptable

Tous les systèmes comptables et tous les systèmes économiques de tous les Etats et de tous les organismes et entreprises reposent sur le concept général d'équilibre entre les ressources et les emplois.

Si le lecteur comprend les schémas de cette quatrième partie, alors tous les concepts économiques, quantifiés par les systèmes comptables, seront assimilés sans difficultés.

C'est dire l'importance de cette partie qu'il faut absolument comprendre quitte à y consacrer beaucoup de temps.

La comptabilité mesure des flux. A cet égard, elle n'est pas statique mais dynamique grâce à l'informatique. Les techniques de la comptabilité se rapprochent de plus en plus du « temps réel » pour le traitement de l'information. De ce fait, la comptabilité générale est devenue un puissant facteur de décisions.

1 LE SYSTEME GLOBAL DE LA COMPTABILITE GENERALE

Le système comptable des entreprises, des nations ou des ménages repose sur deux notions essentielles : **les ressources et les emplois**.

Ainsi, un ménage a ses ressources, en général sous forme de salaires et de revenus, et ses emplois tels que la nourriture, le logement et bien d'autres choses encore.

A ces deux notions verticales s'ajoutent deux notions horizontales. Dans le bas du schéma, on a la notion de **cumul des ressources définitives** à droite, et de **cumul des emplois définitifs** à gauche. Les productions sont des ressources définitives car le mot « déproduire » n'existe pas et, à cet égard, démolir c'est encore produire. De même, les consommations sont des emplois définitifs car le mot « déconsommer » n'est pas imaginable ; lorsqu'on a consommé un beefsteak, la pauvre vache ne retrouvera jamais ses quatre pattes.
Dans le haut du schéma, on a la **situation des ressources variables** à droite et la **situation des emplois variables** à gauche.

Le bas du schéma représente le compte de gestion (que l'on peut faire au niveau d'une entreprise ou d'un ménage ou d'une nation), tandis que le haut du schéma représente le bilan (qu'un ménage pourrait établir comme celui d'une entreprise mais qui ne peut pas exister au niveau des nations car beaucoup de biens nationaux ne peuvent être valorisés tels, par exemple, le canal du Nord ou la cathédrale de Chartres !).
Quel que soit le moment d'une période, la totalité des ressources est toujours égale à la totalité des emplois. Le compte de gestion, appelé compte de résultat, recouvre une **période** ou un exercice, tandis que le bilan est une situation ou un inventaire à un **moment** précis.

Le compte de résultat est le **film** de l'exercice tandis que le bilan est la **photo** à une date précise de la situation des ressources variables et des emplois variables de l'entreprise.

Le bas du schéma, c'est-à-dire le compte de résultat, représente : à droite la valeur des **productions**, à gauche la valeur des **consommations**, encore deux termes qui sont communs aussi bien au ménage qu'à l'entreprise et qu'à une nation.

Lorsque, au cours d'un exercice ou d'une période, la production (ou les produits) est supérieure à la consommation (ou aux charges), il se dégage un **résultat** qui, sur ce schéma, est bénéficiaire.

A la fin de chaque exercice, on donne un coup de ciseaux dans le compte de résultat de façon à ne laisser apparaître que le résultat. Si ce résultat est bénéficiaire, il est du côté des ressources au bilan comme c'est le cas sur ce schéma. S'il était déficitaire, il serait également du côté des ressources, mais précédé du signe moins[(1)].

(1) En fait, en stricte logique comptable, le résultat déficitaire devait être du côté des emplois (mauvais emploi !) : c'est d'ailleurs, la présentation qui était adoptée par l'ancien plan comptable.
Avant 1957, dans certaines entreprises, le résultat déficitaire était placé juste au-dessous des immobilisations, à la fois pour faire ressortir ce résultat et pour démontrer la nécessité « d'amortir les pertes » ; la présentation actuelle tend, au contraire, à ne pas trop faire voir les mauvais résultats.

La **situation des ressources** à une date précise s'appelle le **passif**, que l'on peut définir comme étant l'ensemble des dettes de l'entreprise vis-à-vis des tiers ou de ses propriétaires et la **situation des emplois** s'appelle l'**actif** que l'on peut définir comme étant la situation des biens, des moyens ou des droits de l'entreprise. Il y a lieu d'insister sur le fait que le bilan est constitué d'un grand nombre de comptes et qu'en cours de période, **le bilan est en perpétuelle mutation**.

Le compte de résultat regroupe :

- à droite, **les produits d'exploitation, financiers et exceptionnels,**
- à gauche, **les charges d'exploitation, financières et exceptionnelles.**

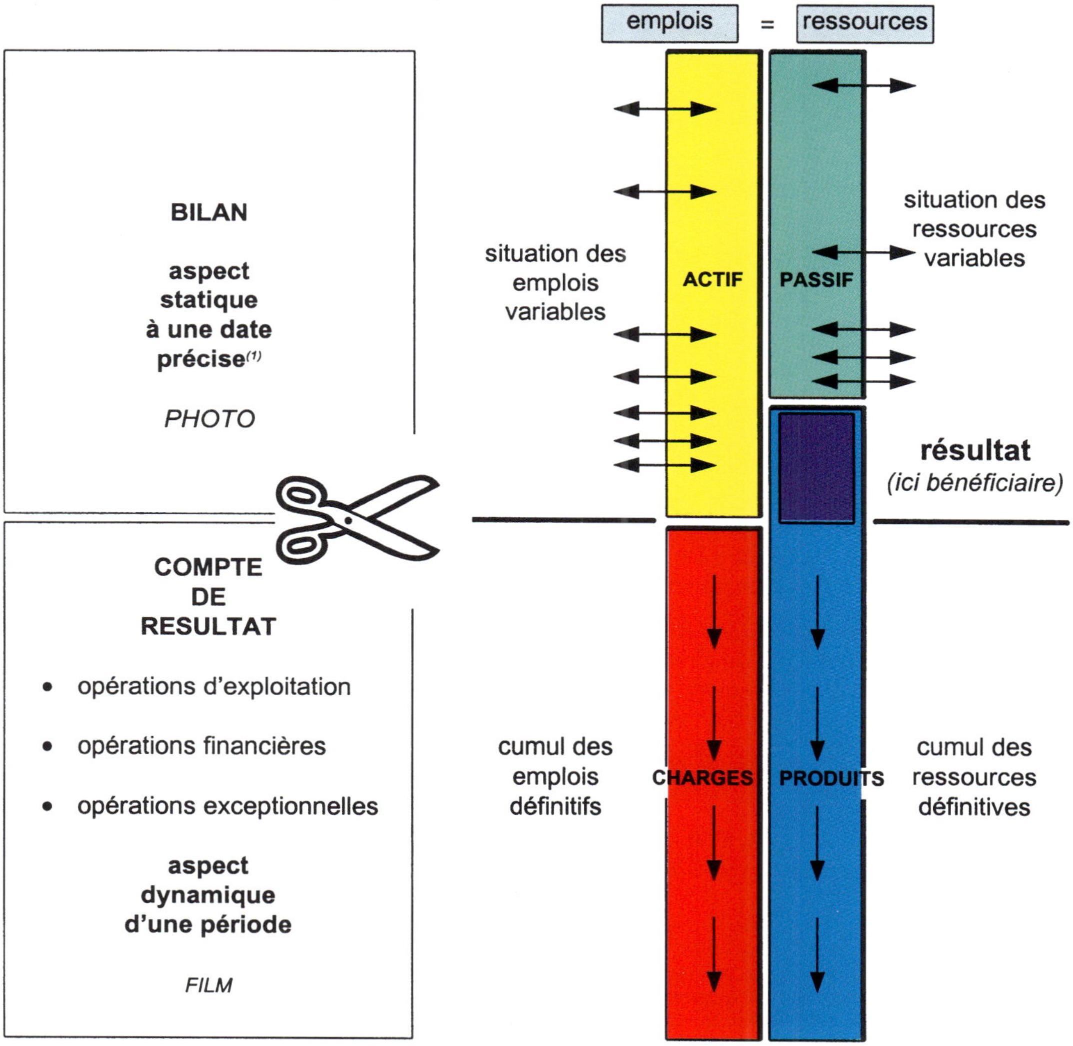

(1) Aspect statique à une date mais dynamique dans le fonctionnement des comptes constituant le bilan.

2 *LES PRINCIPAUX MOUVEMENTS DE LA COMPTABILITE GENERALE*

Sur ce tableau, on voit apparaître sept flèches qui représentent les sept mouvements comptables possibles en comptabilité générale.

Le mouvement correspondant à la flèche Ⓐ ne modifie pas le total des biens dont dispose l'entreprise mais modifie la nature de ces biens. Si l'entreprise achète comptant une machine, il y a moins d'argent en caisse mais il y a davantage de machines. L'actif n'est pas modifié , c'est la nature des biens dont dispose l'entreprise qui est seulement modifiée.

La flèche Ⓑ représente une modification de la situation des emplois variables par un emploi définitif. Quand l'entreprise paye son personnel, il y a moins d'argent en caisse, donc son actif se trouve diminué, mais ses charges se trouvent augmentées d'autant. Il s'agit donc d'un transfert de disponibilités en caisse à un emploi définitif qui correspond dans ce cas à une consommation de main-d'œuvre .

Le montant correspondant à la flèche Ⓒ ne modifie pas les ressources mais la nature de ces ressources. Si une dette exigible à deux ans est incorporée au capital, le montant du passif n'est pas changé mais son degré d'exigibilité se trouve modifié ; il y a donc simplement un transfert d'un poste de passif à un autre sans que son montant total ne se trouve modifié. Ce mouvement serait identique dans le cas d'un emprunt obligataire convertible en actions.

Le mouvement correspondant à la flèche Ⓓ représente des opérations comptables plus complexes, comme, par exemple, des reprises de provisions.

Les opérations **A, B, C, D** ne font pas varier la hauteur de l'ensemble des colonnes de droite et des colonnes de gauche.

Les mouvements correspondant aux flèches Ⓔ et Ⓕ représentent des variations simultanées et identiques des ressources et des emplois. Par exemple : l'entreprise vend un objet : le montant en est ajouté au poste produits et la monnaie correspondant à cette vente est ajoutée au poste caisse, à l'actif du bilan. De même, si l'entreprise achète un produit à crédit, l'achat est porté en charges et la dette correspondante est inscrite au passif.

Les mouvements correspondant à la flèche Ⓖ représentent une variation simultanée et identique de la situation des emplois et de la situation des ressources au bilan. Si l'entreprise augmente son capital par apport en numéraire, on en constate la ressource au passif et l'emploi - d'ailleurs provisoire sous cette forme - au poste caisse ou banque à l'actif.

Pour les opérations du type **E, F** ou **G**, on constate que les colonnes ressources et emplois varient du même montant.

Les mouvements des types **A, C** et **G** n'ont aucune incidence directe sur le résultat tandis qu'au contraire, toute opération des types **B, D, E** et **F** ont une incidence sur le résultat.

En fait, et ceci est une remarque pour les spécialistes, il peut y avoir des mouvements comptables à l'intérieur des charges ou entre les charges et les produits.
Par exemple, il peut être nécessaire de séparer les charges financières entre l'exploitation (coût de l'escompte, par exemple) et les charges financières (charges d'intérêts) lorsque ces charges ont été imputées en cours d'exercice dans un seul compte. Autre exemple : si l'entreprise a une comptabilité analytique, on peut être amené à virer les sur-coûts d'une sous-activité contenus dans les opérations courantes dans les opérations exceptionnelles.
En bref, ces mouvements tendent soit à redresser des erreurs, soit à affiner les informations contenues dans le compte de résultat.

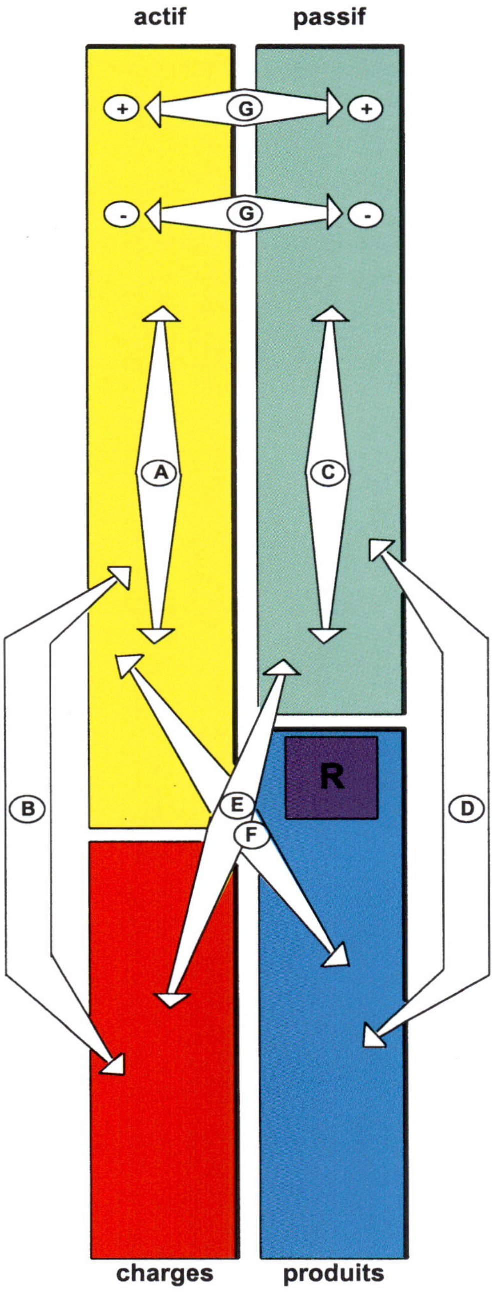

le BILAN est constitué par le solde de tous les comptes à la date précise de la fin de la période

Les comptes de bilan enregistrent pendant toute la période des entrées et des sorties de valeurs

Le bilan est statique mais les comptes de bilan sont dynamiques

Le COMPTE DE RESULTAT est le cumul des charges et des produits concernant les opéra-tions

- **d'exploitation**
- **financières**
- **exceptionnelles**

au cours d'une période

3 LA LIAISON ENTRE LE BILAN ET LE COMPTE DE RESULTAT

Les postes de bilan sont classés par nature de biens (immobilisations, stocks, créances) et par nature de ressources (capitaux propres, dettes). Le bilan est « traversé » par trois flux principaux.

Le compte de résultat enregistre **trois flux** : flux des opérations d'exploitation, financières et exceptionnelles.
La participation des salariés sous ses multiples formes, l'impôt sur le bénéfice et le résultat affectable indiquent une première **répartition du surplus** dégagé par l'activité de l'entreprise.

Le compte de résultat enregistre :

- à gauche, les consommations de l'exercice, y compris les stocks consommés ou déduction faite des achats non consommés,
- à droite, la production, y compris la production stockée ou déduction faite des déstockages de produits finis.

Quel que soit le système adopté (abrégé, de base ou développé), le plan comptable permet d'**analyser les flux**. Cette analyse est la principale utilité de la comptabilité générale pour un gestionnaire.

3 flux
de capitaux

qui entrent et qui sortent plus ou moins rapidement de l'entreprise.

La « hauteur » du bilan varie en permanence : elle augmente ou diminue à chaque instant mais, légalement, on ne fait paraître le bilan (la photo) qu'une fois par an.

3 flux
d'opérations

qui traversent en un temps plus ou moins long l'entreprise.

La « hauteur » du compte de résultat, en cours d'exercice, augmente toujours sans jamais diminuer.

3 flux
de résultats

surplus économique généré par l'entreprise.

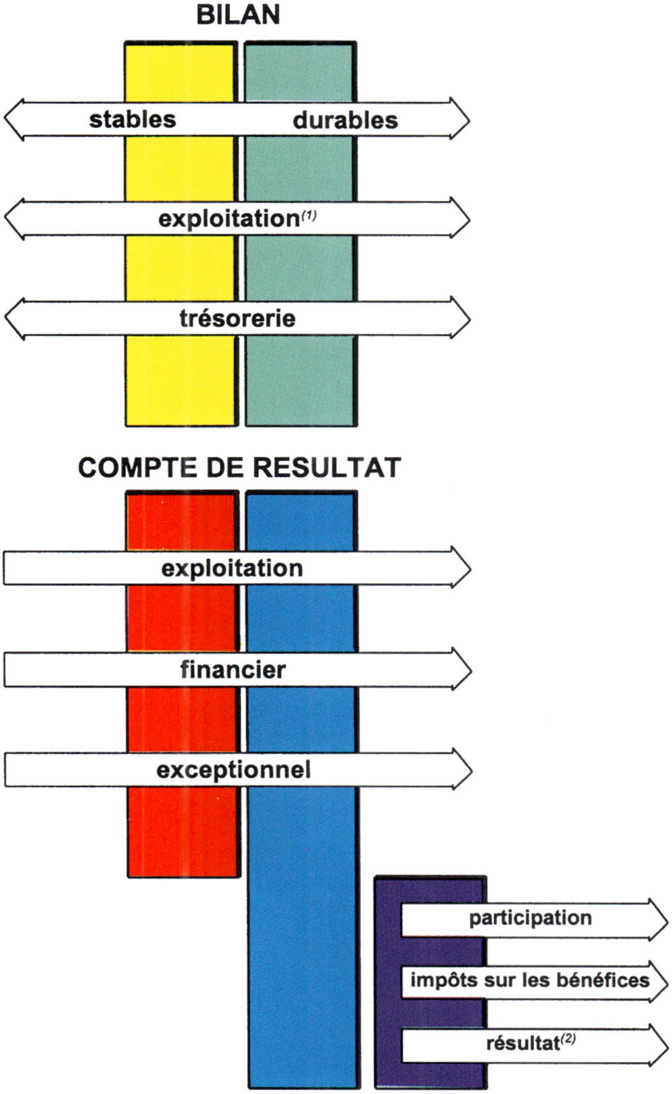

(1) *« Flux de capitaux nécessaires aux opérations d'exploitation ». On pourrait même isoler des capitaux nécessaires aux opérations hors exploitation (prévus dans le système comptable développé du plan comptable).*

(2) *Résultat à la disposition des propriétaires (actionnaires ou autres) qui l'affecteront :*

- *soit à la distribution de dividendes,*
- *soit aux capitaux propres de l'entreprise.*

4 SCHEMA GENERAL DU SYSTEME COMPTABLE

Ce schéma de synthèse montre les liaisons entre le compte de résultat, le bilan et les stocks.

La **variation des stocks amont** représente une consommation quand les stocks diminuent (cas du schéma) ou viennent s'ajouter aux achats non consommés quand ils augmentent.

La **variation des stocks aval** représente une production vendue quand ils diminuent, c'est-à-dire un déstockage ou une production stockée quand ils augmentent (ce que représente le schéma).

Pour comprendre la comptabilité des stocks, il suffit de remplacer le mot « *crédit* » par « *sortie* » et le mot « *débit* » par « *entrée* ». Au bilan d'ouverture, on sort les stocks du bilan, on entre les stocks au bilan de clôture.

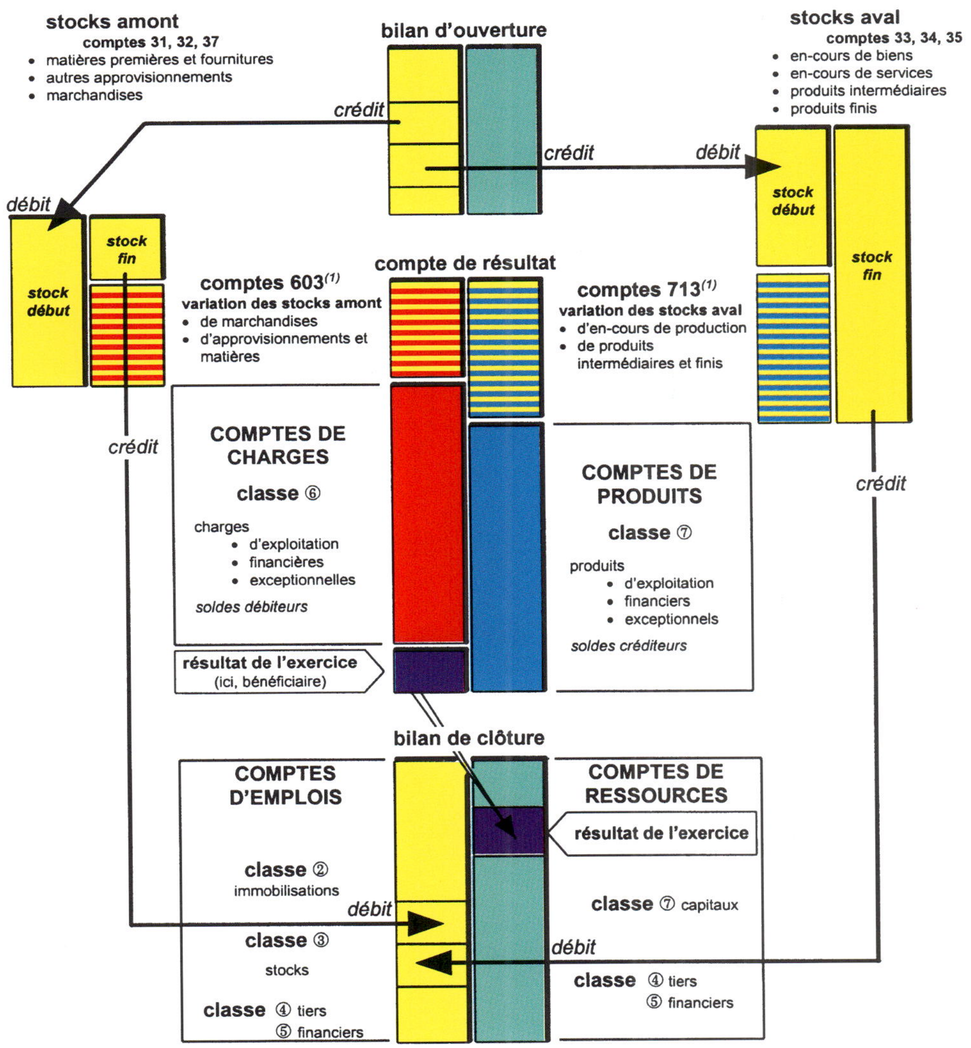

(1) *Les comptes 603 et 713 présentent des soldes débiteurs ou créditeurs suivant qu'il s'agit d'une augmentation ou d'une diminution de stocks au cours d'une période ou d'un exercice. Pour l'étude détaillée des variations des stocks, voir le livre « comprendre les documents comptables et financiers » dans la collection schémacolor.*

5 LE TABLEAU DE FINANCEMENT
(ou tableau des emplois et des ressources)

Le tableau de financement regroupe par période et au moins par exercice, la totalité des flux nets d'emplois et de ressources.

Il est établi, à partir des soldes des balances ou à partir des bilans par différences en valeurs algébriques entre les postes de début et de fin de période.

C'est un document de base aussi important que le bilan et le compte de résultat.

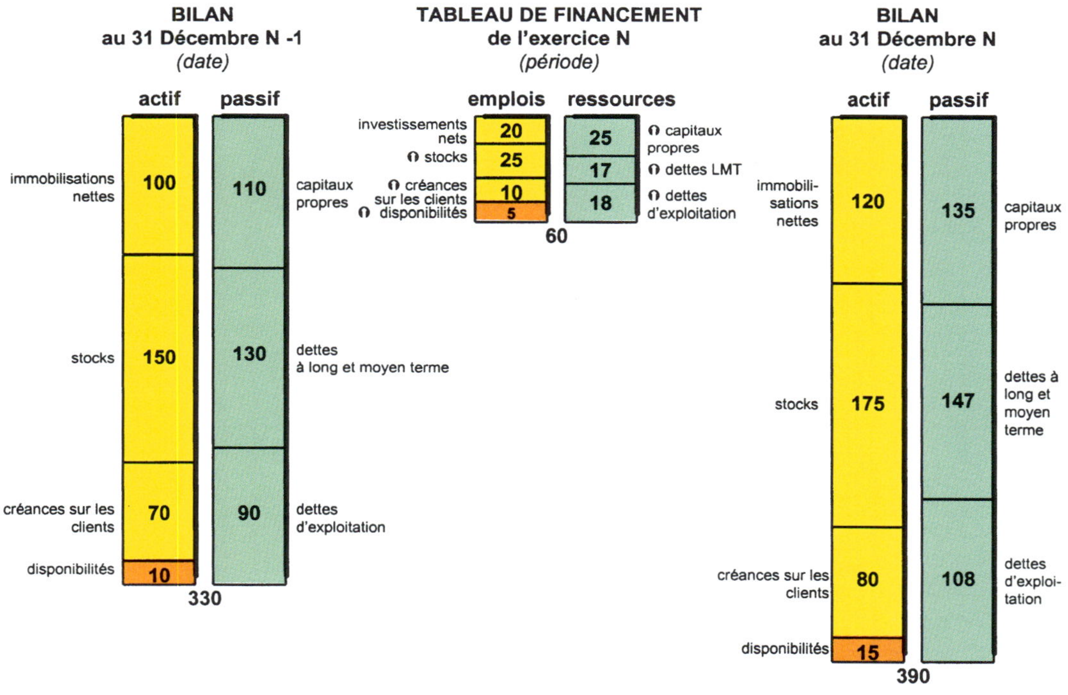

Le tableau de financement établi sur trois ans permet d'avoir une vue d'ensemble sur la gestion financière d'une entreprise.

Le tableau de financement explique le passé et répond à des questions simples.

Le tableau de financement prévisionnel pose la question de savoir où on va chercher les fonds pour satisfaire des objectifs.

Le tableau de financement prévisionnel est une **synthèse des budgets et des plans d'investissement et de financement.**

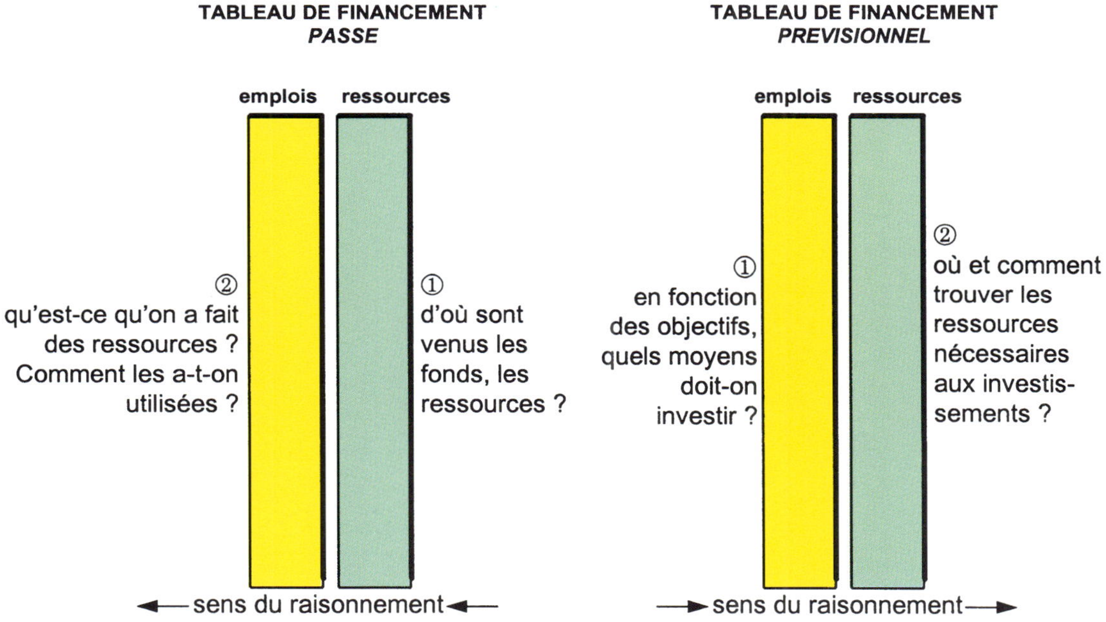

Les chiffres entourés d'un cercle indiquent l'ordre du raisonnement.

Ce livre de techniques comptables n'avait pour but que de faire comprendre « le minimum de l'essentiel ».

Trois documents sont particulièrement importants à bien connaître pour comprendre l'économie et la finance d'une entreprise et pour participer aux décisions de gestion.

Ces trois documents : bilan, compte de résultat et tableau de financement, n'ont été qu'évoqués dans ce livre.

Ces documents dits de synthèse sont expliqués en détail dans le livre « comprendre les documents comptables et financiers » dans la collection schémacolor.

Achevé d'imprimer en France
par Pollina, 85400 Luçon
N° d'édition : 1878
N° d'impression : 72800
Dépôt légal : septembre 1997
Imprimé en France